「対話」で変える公務員の仕事

自治体職員の「対話力」が未来を拓く

今村　寛　著

Hiroshi Imamura

KOSHOKUKEN 公職研

第４章　「対話」の鍵を握るのは……97

序章――この本を書いたわけ

八方ふさがりの自治体運営

この本を手にとった自治体職員の皆さん、最近仕事の方はうまくいっていますか？　皆さんの自治体はうまく運営できていますか？

わが国全体での人口減少が進み、少子高齢化と経済の低成長が続くなか、税収の減、社会保障費の増、公共施設の老朽化への対応など、自治体の財政状況は年々厳しさを増しています。また、市民ニーズの多様化、複雑化が進んだことで、国が示す画一的な施策事業や社会資本整備で市民の満足がえられる時代は終わりを告げ、それぞれの地域や住民一人ひとりの価値観、期待に寄り添った自治体運営がもとめられるようになっています。

さらには近年頻発する異常気象による災害への対応、そして2020年初頭から猛威を振るう新型コロナウイルス感染症との闘いなど、市民の安心、安全な暮らしを守るための新たな業務が発生し、これまでに経験したことのない領域での活動を余儀なくされることが増えてきています。

こうした背景から、自治体組織や職員にもとめられる役割や能力も複雑化、高度化していますが、職員定数の削減が進み組織が硬直化するなかで、職員のマンパワーが足りない、組織マネジメントがうまくいかないといった課題を多くの自治体が抱えています。まさに八方ふさがりの自治体運営ですが、私たち自治体職員はこれを投げ出すわけにもいきません。どうしたらいいのでしょうか。

この本を書くに至った発端と経緯

「自治体職員向けに『対話』の本を書いていただけませんか」

公職研編集部からこんな依頼を受けたのは2021年4月のことです。ことの発端は2020年10月に出版された『公務員のための場づくりのすすめ』。茨城県庁の助川達也さんがこの本を著すにあたり、同じ自治体職員である私がこれまで行ってきた「対話」の場づくりの内容や活動への思いについてインタビューを受けたのです。

助川さんから白羽の矢を受け同年9月に行われたインタビューでは、これまで私が取り組んできた「対話」の場づくりについてたくさんの質問に答え、自分なりのこだわりやその成果についてお話ししました（詳しくは助川さんの著書をご参照ください）。この助川さんとのやりとりから私の「対話」に関する何がしかのメッセージを感じとった公職研編集部からあらためてのご依頼を受け、こうして筆を執っている次第です。

❖「財政出前講座」で全国を飛び回る

私は福岡市役所に勤める現役の自治体職員です。2012年から2016年までの4年間は財政局財政部財政調整課（以後、便宜上「財政課」とします）の課長を務め、一般会計、特別会計、企業会計を合わせて1兆8千億円規模（当時）の予算を取り仕切る金庫番として福岡市の台所を切り盛りしていました。

この課長時代に、自治体の財政状況、今後の見通し、財政健全化の必要性や取り組みの方向性を職員向けに説明する「財政出前講座」をはじめました。2014年からは、ほかの自治体の職員を対象にした「出張財政出前講座」を加え、2020年までの6年間で38都道府県をめぐり、200回以上開催、

8000人近くの方に参加いただいています。

この出前講座では、自治体財政に関する座学の講義に加え、熊本県庁職員有志が開発し、今や全国に普及している対話型自治体経営シミュレーションゲーム「SIMULATION2030」を体験してもらっています。「対立を『対話』で乗り越える」ことがもとめられるこのゲームは、自治体経営の困難さを体感できるのみならず、職員同士あるいは行政と市民との「対話」の重要性を学ぶことができることから、自治体職員だけでなく議員や一般市民も含め大変好評です。

2018年12月にはこの講座の内容を『自治体の〝台所〟事情　〝財政が厳しい〟ってどういうこと?』(ぎょうせい)という本にまとめ出版したところです。

❖元財政課長が「対話」を語るわけ

私の財政課長時代の経験と、この本のテーマである「対話」にどういう関係があるのかと疑問に思う人も多いでしょう。そもそも自治体の財政課長に「対話」という言葉は似つかわしくないと感じる人もいるかもしれません。

私は福岡市で、職員一丸となって行財政改革を推進するための取り組みの一つとして、2012年から始めた「財政出前講座」を通じて、本庁、出先を問わず、幅広い職種、年齢の市職員と自治体財政について「対話」してきました。

同じ2012年に、勤務時間外に組織や職責を離れ自由に「対話」を楽しめる場としてオフサイトミーティング「明日晴れるかな」を開始し、すでに9年間、続けています。

これらの取り組みから私がえたのは、現在私たち自治体職員が抱えるさまざまな課題を乗り越え解決に導くうえで、「対話」が重要な鍵になる、ということでした。私は今、全国各地からお声がけいただく「出張財政出前講座」でも、財政に関する講義だけでなく「対話」のノウハウやその基本となる考え方についても、それぞれの自治体運営で活用してもらえるよう話しています。

今回、公職研編集部から「自治体職員向けの『対話』の本」という執筆依頼があったのはこのような事情によるものなのです。

❖こんな人に読んでほしい

この本は自治体職員向けに書いていますが、特にこんな人に読んでほしいと思っています。

- **「対話」の魅力やその効果について知りたい人**
- **「対話」の場づくりを実践してみたい人**
- **「対話」を通じて職場や仕事を変えていきたい人**

こんな風に「対話」そのものにフォーカスをあわせている人だけでなく

- **意見の相違を埋める議論がうまく進まずに困っている人**
- **組織内の風通しがよくないと感じている人**
- **自治体と市民との意思疎通について悩んでいる人**

自治体職員として、仕事のうえでこのようなことが思い当たる人は、この本のなかで紹介する「対話」についての私の経験や考えが役に立つかもしれません。

私が「対話」の魅力にとりつかれ、「対話」を実践するなかで仕事上のさまざまな悩みを乗り越え、仕事のやり方、進め方を変えていったその経験を紹介することで、皆さんもまた「対話」の実践によってもっと仕事をやりやすくし、よりよい自治体運営ができるようになる、その一助となることができたらと思います。

では、自治体職員の仕事を変える「対話」について、一緒に考えていきましょう！

第１章——自治体職員には「対話」が必要

1 自治体職員の仕事、このままでいい？

❖自治体には「お金」がない

私たち自治体職員の仕事は年々やりにくくなってきています。その最大の原因は「お金がない」ことです。

私が福岡市役所に入庁した1991年当時は、バブル景気真っただなかで世のなかにはお金が湯水のごとくあふれていました。

「道路や公園、文化施設や体育館などの公共施設を整備してほしい」

「区画整理や再開発、住宅市街地の整備などまちづくりを進めてほしい」

「教育や福祉、子育てへの助成・給付を充実してほしい」

市民から寄せられる自治体へのニーズも「お金で解決できる施策」であり、自治体は潤沢な税収でこの期待に順次応えていけばよかったのです。

ところがバブルがはじけ、人口減少がはじまり、自治体の税収が減りはじめます。収入が減るだけでなく、少子高齢化に伴う社会保障費の増加とこれまで公共施設整備やまちづくりの資金調達として実施してきた公債発行（借金）の返済が自治体財政を圧迫しはじめました。

収入が減少する一方でこれらの義務的経費が高止まりすることで、自治体が新たな施策事業に投入できる財政上の余力は年々失われ、市民のニーズに応え続けることが難しくなってきています。

しかありません。

❖万人が満足する正解のない時代

「お金がない」なかですべての市民ニーズに応えられないのであれば、その実現に優先順位をつけるしかありません。

しかしながら物質的な豊かさがある程度満たされた今、昭和の高度経済成長期のように画一的な政策で市民のニーズを満たすことはできなくなりました。ある一定レベルの市民生活が保障された状態に上乗せをもとめる市民の声はさまざまで多岐にわたるため、何か一つの解決策で万人が満足するということはなく、その多様な意見を調整することが自治体にもとめられるようになりました。

今では人口減少に加えコロナ禍での経済低迷が加わり、新たな施策の実現どころか減少する収入との均衡を図るために、既存の行政サービスを見直さなければならない局面を迎えつつあります。どのサービスを維持し、どのサービスを減らしていくかということについての市民の合意形成は困難を極めますが、その調整もまた自治体が担うこととなります。

「お金」で解決できた問題が解決できなくなっていることは、毎年の予算編成における財政課の査定の厳しさで、自治体職員の皆さんは実感されているでしょう。自治体財政が厳しいと言われて久しく、これから先もずっとその厳しい状況が変わらないなかで、市民の多様なニーズに対応し、その合意形成に向けた困難な調整を担う私たち自治体職員に、なす術はあるのでしょうか。

2 — 自治体職員の職場、このままでいい？

◆「お役所仕事」と揶揄される精密機械

自治体職員は職場でも問題を抱えています。自治体は住民の福祉の増進を図るために、福祉、教育などのソフト分野から、公共施設の整備、維持管理といったハード分野まで幅広い領域で市民生活を支えています。この多岐にわたる業務領域を漏れなく適正に分担するため、施策事業の目的ごとに法令等に従って事務分掌を定め、組織的な対応を図っています。

精密機械のように事務分掌が組みあわせられた自治体組織は、与えられた役割を着実にこなすことにかけては非常に効率的にできています。これだけの幅広い業務を一手に引き受ける自治体がその役割を果たすうえでは、この精密な事務分掌が必要でした。しかし、市民ニーズの多様化や複雑化に迅速かつ柔軟には対応できずに「縦割り」と呼ばれ、またその正確で公平な仕事ぶりは融通の利かない「お役所仕事」と揶揄されるようになりました。

近年では、「お役所仕事」の非効率を正す行政改革の嵐のなかで自治体職員の定数削減が進んだ結果、職員や職場の担当領域に隙間が生じていっそう「縦割り」が進み、職員の間、組織の間での分担と連携に支障をきたすケースも増えています。

❖職員定数の減少がもたらしたもの

また、業務の複雑化、多様化によって職場、職員に専門性がもとめられ、これに対応するための組織が小規模に細分化され、職員の分業が進みました。その結果、職場での会話が少ない、情報共有ができない、自分の担当領域がわかる職員がほかにいない、仕事で行き詰まっても相談できないといった風通しの悪さも心配です。

さらに、仕事と家庭やプライベートとの両立を前提とするライフスタイルが一般的になる一方、プライベートよりも仕事を重視し組織に貢献することを期待する従来型の価値観も残っており、若年層、中堅層の職員が相反する新旧の価値観の間で板挟みに陥ることも少なくありません。

今後も職員定数の増加が見込めないなかにあっては、職員同士、組織同士での情報共有を密にし、それぞれの抱える事情を理解し、互いに協力し連携しながら適切な分担を図っていくことが必要になります。しかし、自らの所掌を越えて意思疎通を図ることができずに職務遂行に支障が出る、という場面は確実に増えています。

❖越えられない組織文化の壁

近年、自治体にもとめられる役割や機能が変化するなかで、自治体の外側にある組織や人材の力を借り、協力をえながら物事を進めるという場面も増えました。

民間企業やＮＰＯ、地域団体など、頼ることのできるパートナーはたくさんいますが、互いの協力関係を構築するうえで必要な情報共有や意思疎通がうまくいかないということもしばしば見受けられます。

うまくいかない原因の多くは組織文化の壁。自治体組織が長年育んできた独特の文化が外部ではうまく受け入れられないことや、自治体組織の外側では当然のこととされている常識が自治体職員に通じないということがよくあります。

自治体職員がなぜ手続きや書面にこだわるのか、なぜ自治体では年度をまたいだ会計処理ができないのか、民間人は時間を使うことそのものがコストだと考えていることが自治体職員はなぜ理解できないのか。互いの生きている環境の違い、立脚する法理や社会のルールの違いがそれぞれの組織文化、常識の違いとなってあらわれています。違う世界に生きる者同士が互いに自分の住んでいない世界のことを知り、その違いの根本を理解しあうために、どのような手立てがあるでしょうか。

3　うまくいかないのは「対話」が足りないから

❖自治体職員は他者とのかかわりが必須

政策選択における多様な意見の調整。縦割りの弊害を打破する分担と連携。組織文化の違うセクターとの相互理解と協業。私たち自治体職員の仕事を進めていくうえで課題になっているのは「他者との関係性」です。

私たちは、個人ではなく自治体という組織で仕事をしています。そして自治体そのものが、さまざまな考えを持ち、多様な立場、環境におかれている市民一人ひとりの福祉の向上を図ることを目的づけられています。さらにその実現にあっては、自治体だけでは果たしえない役割や機能について自治体外部の力を借り、協力をえながら進めていかなければなりません。私たち自治体職員は今、二重、三重の意味で、他者とのかかわりなくして仕事ができない世界に生きているのです。

私たち自治体職員は、違う立場の他者と連携し、違う価値観を持った者同士の合意形成を図り、違う文化に生きる者と協力しあうことがもとめられています。そのためには自分が相手のことを理解し、自分のこともまた相手に理解してもらう意思疎通が必要になります。その手段が、この本のテーマである「対話」だというわけです。

❖「対話」は相互理解のための意思疎通

この本では、自分と相手、あるいは意見の違う者同士が相互に理解しあうために言葉を交わすことを「対話」と呼びたいと思います。

私は福岡市役所に入ってもう30年になりますが、他者との相互理解がうまくいかずに悩んだのは市役所に入って12年目、財政局財政課（後に財政調整課に名称を変更）への異動がきっかけでした。財政課の係長として担当する部局の予算編成に携わり、限られた財源をどの施策事業に振り向け、どの取り組みを縮減していくかといった調整を行うなかで、その調整の難しさ、立場が違う者同士の相互理解の難しさを実感したことが私の「対話」へのこだわりの原点です。

なぜ自治体職員には「対話」が必要なのか。なぜ自治体職員は「対話」が苦手なのか。どうすれば自治体職員は「対話」ができるようになるのか。私がこれまで経験してきたことを紹介するなかから、私がなぜ「対話」が大事だと考えるようになったかを感じとってください。

4 財政課長がなぜ「対話」に目覚めたのか

❖「財政課をぶっ潰す」という怨念

繰り返しになりますが、私と「対話」という言葉をつなぐ原点は、私がまだ「対話」という言葉を意識するはるか以前、2002年4月に着任した財政課財政係長の時代に遡ります。私はこの職場で初めて予算編成に従事することになり、5年間この業務に明け暮れることになりました。

予算編成では、財政課のなかで担当として割り振られた事業部局の施策事業について、必要な予算額を精査して決定する「査定」を行います。それまで事業部局で予算を執行していた立場から、それを評価し審査する立場へと変わり、よく知りもしない業務の内容を「査定」することに戸惑いを感じました。

現場から提出された分厚い予算要求調書と格闘する毎日。施策事業を実施する現場の職員と真正面から対峙し、要求された金額を削り込むなかで、夜を徹しての激しい議論もずいぶんやりました。

財政課に5年在籍するなかで、私はほとほと財政課の仕事が嫌になりました。厳しい財政状況のなかで「要るものは要る」「ない袖は振れない」を繰り返し、市役所という閉ざされた世界で身内同士の争いを繰り返す財政課と現場。血眼で財源を探し、査定に明け暮れ、命を削るような思いで毎年度の予算を組み上げても誰からも喜ばれない財政課の仕事は、市役所の中心で政策決定の中枢を担っているという自負だけではとても耐えられるものではありませんでした。

「財政課をぶっ潰す」いつしか私はこう考えるようになりました。

❖査定なき財政課を目指す

「財政課をぶっ潰す」といっても、その存在をなきものにしようというわけではありません。

全国の自治体で毎年繰り返されている財政課と予算要求課との果てしない死闘は決して交わることのない平行線です。そこには相互の信頼も理解もなく疲弊と不信だけが残り、強烈なストレスに体や心を壊す者も少なくありません。

組織内部の闘争にこれだけのエネルギーを費やすことは本当に市民のためになっているのか。そんな自問自答のなか、「現場と財政課が同じ方向を向いて予算を編成することができないだろうか」そう考えた私がたどり着いたのが、「対話」による相互理解と責任分担に基づく組織の自律経営でした。

現場の一挙手一投足について財政課が査定で指図するのではなく、市民に身近な現場を抱える各部局が、自治体全体の財政状況や政策の優先順位を理解したうえで、一定の責任と権限をもって自律的に組織を運営する。より市民に近いところで市民ニーズに即応した効果的な行政サービスの提供を立案し、実施する。そのために財政課と現場が「対話」によって情報を共有し、相互に理解し信頼しあえる関係性を構築することで「査定なき財政課を目指す」ことを考えたのです。

❖「財政出前講座」のはじまり

係長として5年の奉公を終え、「財政課をぶっ潰す」と後輩に遺言を託して財政課を卒業した2007年の春からちょうど5年経ち、2012年4月、私は課長として財政課に戻ってきました。財政状況の厳しさは相変わらずで、私が恨めしく思っていた現場との対立構造も、庁内での絶大な権限も変わっていませんでした。

おまけに、その年度中に「財政健全化プラン」なるものを策定するという重大な任務が課せられました。今後の中長期的な財政見通しを踏まえ、健全に財政運営を行っていくために、どの施策事業を見直して経費を圧縮し、収支の均衡を図っていくか、ということを全庁的に調整する大変厄介な任務です。施策事業の見直しには関係する部局や市民、議会の十分な理解がもとめられます。このため、財政当局を中心とした官房部門からの指揮命令によるのではなく、市民とじかに接する職員が、職場での日々の業務遂行のなかで、自律的に改革に取り組むことが必要不可欠でした。

そこで私は、それぞれの職場に財政課長が出向き、職員が自治体財政について理解するための「財政出前講座」を実施することとしたのです。

❖組織の自律経営のために必要なこと

「財政出前講座」開催の最大のねらいは、これまで広く一般職員に知られていなかった福岡市の財政運営上の課題とその課題解決に向けた取り組みについて、基礎的な情報や認識を共有し、市民に身近な現場が一定の責任と権限を持って自律的に組織を運営することができるようになることでした。

そうすることで、限られた財源でも市民ニーズに即応した効果的な行政サービスを提供できると考えた私は、それまで財政課で施策事業の要不要や経費の多寡を判断していた仕組みを改めました。政策部門を担当する組織ごとにあらかじめ財源を配分し、各部門での施策事業への投入資源の選択と集中、優先順位づけを各部門の権限と責任で行う「枠配分予算」の仕組みを強化したのです。

各部門、組織の自律経営機能を強化すれば、これまで官房部門が担ってきた施策事業の優先順位に関する調整を、同一・類似の政策を推進する部門単位で行うこととなります。その結果、事業の内容や効果を知り尽くしている各部門の長が、直面する課題に対して自分に与えられた資源と権限で責任を持って対処することになります。

この実現に向けては、市の財政に関する現状や課題を各職員、各職場において「自分ごと」としてとらえることが必要不可欠であり、そのための情報や課題認識を共有することが、「財政出前講座」に託された役割だったのです。

◆「財政出前講座」がもたらしたもの

「財政出前講座」をやってみて実感したのは、自治体財政に関する市職員の知識、情報共有の不足です。今までほとんど情報発信ができていなかったことを再認識させられましたが、財政課の職員と２０００人を超える現場の職員とで、財政健全化に関する認識を共有できたことで、所期の目的は達成されました。

それに加えて、大きな手ごたえを感じたのは、これまで各職員、各職場が抱いていた「財政課は敷居が高い」という意識の変化です。財政課に対する心理的距離が縮まり、親近感を持って「対話」できる雰囲気づくりができたことは大きな成果でした。

予算編成では多様な立場の者がそれぞれの利害を一方的に主張しあうのでその調整は困難を極め、それをたったひとりの財政課長に担わせるのは無理な話。このため庁内での「対話」が必要だと思い至ったわけですが、実際の予算編成作業がはじまってしまえばすでにそこは議論の戦場です。

しかし、少なくとも事前の情報共有によってその戦場に持ち込まれる案件の数をあらかじめ減らすこと、あるいは持ち込まれる議論の質を高めることは可能です。何にお金がかかっているのか。どうして既存の予算を削らなければならないのか。なぜ新規の予算獲得が難しいのか。自分たちの自治体がおかれた財政状況を正しく理解することで、個々の施策事業の予算を立案する前の地ならしが可能になります。「財政出前講座」はまさにこれをねらったものでした。

❖講座が生んだ組織間の「アイスブレイク」

「財政出前講座」は私が想定しなかった役割も果たしてくれました。それは、ワークショップなどで参加者の緊張を解きほぐして場を和ませ、これから行われるワークそのものへの期待感を膨らませる「アイスブレイク」。「財政出前講座」が福岡市役所のなかで「対話」を進めていくうえでのアイスブレイクの役割を果たしたのです。

私は「財政出前講座」を、職員が財政課から嫌なことを押しつけられる場ではなく、財政のことを「自分ごと」として考える場にしたいというこだわりがありました。そこで財政課主催の説明会ではなく、自発的に開催したいと注文してくれた職場からの依頼を起点とし、開催に係る準備の一切を各部局に任せる「自主開催」というスタイルを貫きました。

また、主催者には開催後に必ず、感想や当日の写真などをまとめ、庁内イントラの職員専用掲示板に掲出するようにお願いしました。主催者が楽しみながら作った投稿記事はとても出来栄えがよく、おかげで口コミが広まり、講座の開催が連鎖していきました。

この掲示板では、私からも「財政出前講座」をはじめた意義や福岡市の財政状況、予算編成手法を改めた理由などについて、私個人の言葉で語りかける投稿を続けました。これも財政課長という肩書を脇において生身の体で語ることで、少しでも職員が出前講座に参加することや開催を企画することへの心理的ハードルを下げたいという一心でした。

❖組織の自律経営を支える「対話」

「自発的に」「楽しみながら」「心理的ハードルを下げて」といったこだわりが功を奏し、各職場で開催された講座には意欲的な参加者が集まり、どの会場でも心地よく話すことができました。予算編成時に互いに対峙するあのピリピリした感覚を忘れ、心のなかに張りつめていた氷の壁が解け、変に身構えることなく互いの言葉に真摯に耳を傾ける「対話」のための心の準備ができていったのです。

「財政出前講座」は、必ずしも参加者と講師である私との直接の「対話」の場ではありませんでしたが、財政課が現場との相互理解をもとめているという意思表示になり、職員が一丸となって財政健全化に取り組むうえで立ちはだかる、それぞれの立場の持つ心理的な壁を崩す役割を果たしてくれました。

講座が、単に「情報共有」だけでなくこの壁を崩す役割を果たしてくれたおかげで、互いの意見を尊重できる信頼関係を構築し、組織間の「対話」による建設的な意思形成ができるようになったのです。

この時に培われた、各部局との「対話」を重んじ、現場での権限、裁量を最大限発揮する「組織の自律経営」は、今も福岡市の組織文化として生きています。この自律経営の仕組みがベースにあるからこそ、福岡市は、厳しい財政状況でも新たな施策事業にチャレンジできる組織であり続けられるのです。

5 オフサイトミーティング「明日晴れるかな」

❖きっかけは「禁酒令」

私と「対話」をつなぐもう一つの原点は、福岡市の職員同士が職務や職責に関係のない自由な立場で、日ごろ感じていることを気軽に「対話」できるオフサイトミーティング「明日晴れるかな」です。奇しくも私が5年ぶりに財政課に課長として舞い戻った同じ年に偶発的にはじまった「対話」の場を通じて、私自身にも福岡市の組織風土にも大きな変化が訪れました。

直接の契機は2012年5月に発せられた、いわゆる「禁酒令」。当時、市職員の飲酒に絡む不祥事が相次いだために、市長がすべての市職員に対し1か月間自宅外での飲酒を自粛するよう要請したのです。

この前代未聞の事態に、市職員の間に動揺と混乱が広がるなかで、私を含めた職員有志が「何とかしたい人全員集合！」と銘打って声をかけたオフサイトミーティングは、飲酒自粛要請を受けた1か月の間に6回開催されました。

市職員としてこの事態をどう受け止めるべきなのか、改めるべき組織風土や職員の気質などについて語りあい、建設的な意見ばかりではなく、不安や不満も入り混じる本音の「対話」が1か月続きました。そこからえられたのは禁酒令の是非や不祥事防止のための処方箋ではなく、「職場を離れて集まって話すのって楽しいね」という「対話」の喜びでした。

この1か月の「対話」を通じてその価値を再認識した私たちは、「禁酒令」の期間が終わった後も、誰でも気軽に参加できる「対話」の場を有志で継続的に開催することとしました。「明日晴れるかな〜福岡市のこれからを語るオフサイトミーティング」と名前を変え、9年経った現在も任意の課外活動として続いています。

〝福岡市のこれから〟を語らない

実際にこの場で〝福岡市のこれから〟が語られることはあまりありません。開催日程と場所だけをあらかじめ定め、その日その場所に集った参加者が楽しむのは自由な「対話」。職場で言えない愚痴、人事や組織に関する不満、業務改善の小ネタから、財政や基本構想といった市政全般、国政から世界の情勢に至るまで、思い思いに紡ぐ「対話」のリレーが繰り広げられます。誰かから誰かに話題のバトンがつながっていつも予想もしない化学反応が起こり、その展開は常に「場に委ね」られています。

時にはいわゆる職員勉強会のように、あらかじめ話題や内容を決めて開催することもあります。例えば、震災の現場でえた貴重な経験を共有し災害に向きあおうという趣旨で、震災を経験した自治体職員を招き、話してもらったこともあります。また、参加者同士で「対話」をベースにしたゲームを通じて気づきや学びをえるワークショップを行うこともありました。

❖「明日晴れるかな」がくれたもの

「明日晴れるかな」の最大の魅力は、何物にもとらわれない自由な空気です。職場や職責を離れ、自由な立場で思ったことを語ることができる場。ここは何かを決めるところではありませんし、発言した内容について責任をとらされることもありません。

「禁酒令」を契機に感じたのは、自由で安全で、互いに身分、役割から自分を解放する場が今の福岡市役所には必要だということ。市職員なら誰でも参加できる場が、毎日でなくてもある程度の頻度で開かれているという環境が欲しい。そう思ってそんな場の提供に専念してきた結果、その場の居心地のよさが多くの参加者に支持されました。

ここで培った「対話」に関するさまざまな気づきは、第2章以降で詳しく触れますが、私が「対話」の何たるかを体感し、悟り、それを言語化できるようになったすべてのエッセンスがこの「明日晴れるかな」に詰まっています。

そして実は、先ほど紹介した「財政出前講座」のはじまりもまた、この「明日晴れるかな」が起点だったのです。

６—「財政出前講座」はじめの一歩

❖禁酒令が脱がせてくれた「立場の鎧」

２０１２年4月に財政課に課長として戻り、全庁一丸となって財政健全化に取り組むことになった当時、財政健全化についての市民、議会の理解を進め、議論の透明性を確保する観点から、完全公開型の有識者会議を設置し、そこで基本的な考え方や具体的な案を検討することとしていました。たまたま、この有識者会議での議論と同じ時期に「禁酒令」があり、オフサイトミーティングがはじまりました。私は財政課長という立場を離れ、ひとりの職員として職員同士の「対話」の場を開くことになったのです。

職場や立場を越えた自由な「対話」の場に身をおいていると、ちょうど並行して公開で行われている有識者会議での財政健全化の議論が話題になることもありました。有識者会議で、積極的な情報公開と職員や市民を巻き込む必要性が叫ばれていたこともあって、メール、ＳＮＳなどいろいろな場で、職員から財政状況や予算編成の手法をめぐる質問や辛辣な意見をぶつけられました。

私はこのころから、掲示板やＳＮＳにオフサイトミーティングの開催告知やその結果の共有、そのほか個人として思うこと、感じていることを公にするようになっていました。掲示板やＳＮＳに自分の主張を書き込むなんて、それまではほとんどしたことがなかったのですが、禁酒令という非常事態に投稿が常態化したことで感覚がマヒし、それが日常になってしまったのです。

このため、財政に関する意見や質問に対しても、有識者会議での議論やそれに対する財政課の考え方を個人の立場で投稿し、発言することが増えていきました。

❖財政課長ついに鎧を脱ぐ

「明日晴れるかな」での対話では職場や立場を越えた対話の場と言いながら、財政の話題になると、財政課長としての身分をまったく捨て去ることはできません。しかし、それにも変化がもとめられます。特に、このころの「明日晴れるかな」では財政、人事、企画といった官房部門への愚痴が多く、市役所組織の風通しの悪さに閉そく感を感じている人が多かったこともあって、職員同士が何でも話せる「対話」の場をはじめた言い出しっぺの自分が「それは仕事の話なのでタブーで」とは言えなかったのです。

私自身の語る言葉は、私個人の見解でありながらそれは財政課長である私の見解でもありますから、組織としてきちんと見解をまとめ、その内容も組織的に協議や決裁で確認していく必要があったかもしれません。

しかし私は、禁酒令以降、多様な職員が集う「対話」の場で自分から胸襟を開き、誰とでも真摯に向きあって「対話」することができるようになったという経験のなかで、財政課長である私が個人的な見解を述べることができるギリギリのところで語る術を身につけました。私はいつの間にか財政課長としてかくあるべしという「立場の鎧」を脱いでいたのです。

❖「明日晴れるかな」が生んだ「財政出前講座」

当時、財政健全化や行政改革を進めるにあたって全職員に対するアンケートを行い、市の財政状況や今後の見通し、予算編成の仕組みなどについて職員に対してこれまで十分に情報提供できていなかったことを痛感していました。

そんなある日、なぜ財政健全化に取り組まなければならないかを職員に説明するために、市の財政状況を説明する資料を掲示板に投稿したところ、ある出先機関の女性職員から「資料だけではわかりにくいので、説明してくれたらうれしい」とメールをいただきました。そこで、私は思い立ち、市職員向けに「財政出前講座」を開催することとしたのです。

財政健全化に向けた各職場での取り組みの必要性を職員一人ひとりに理解してもらうためという目的は当然ありましたが、むしろ職員同士の「対話」の場で常に感じていた、職員のなかでくすぶる官房部門への不信や不満と向きあわなければという覚悟が固まった瞬間でもありました。

官房と現場との「対話」不足が嫌になり、「財政課をぶっ潰す」と言い残して異動してから5年。財政課に舞い戻ったタイミングでの「禁酒令」により衝動的に自ら「対話」の場をつくる羽目になり、そこでの「対話」であらためて財政課と現場の「対話」不足を知ることになりました。

一方で厳しい財政状況を乗り越えていくにはこの危機に対する職員の理解と共感、協力が不可欠だという思いが日に日に強まっていたあのころ。あの日彼女からもらったメールで、すべての点が一本の線につながったのです。

7 「対話」への道の原点

❖半年間の研修生活が私を変えた

今でこそ、財政課と現場の対立、行政と市民との対立を「対話」で乗り越えることができると説いて回っている私ですが、私も「対話」という言葉を自分のものとして使いはじめたのはそう昔のことではありません。

私が初めて自分の言葉として「対話」という単語を使うようになったのは、財政係長時代の「暗黒の5年間」を卒業し、2008年4月から半年間参加した東京財団市区町村職員研修プログラムでのことです。基礎自治体職員を対象としたこの研修は、早稲田大学大学院公共経営研究科で約4か月、アメリカ・オレゴン州ポートランドで約2か月、地方自治や行政経営、プロジェクトマネジメントの技法などを学ぶ半年間のプログラムでした。この半年の間、地元を離れ、日々の仕事を離れ、学生という身分で仲間と苦楽をともにした時間が私を変えたのです。

❖互いに語りあうことの妙味

私はここで「対話」について三つのことを学びました。

一つは、個人として他人と向きあい、互いに語りあう「対話の妙味」です。

研修のプログラムは大教室で講義を聴くだけという時間はほとんどなく、少人数のグループワークが中心でした。全国各地から集まった13人の研修生は年齢も職責も経験年数もバラバラでクセの強い連中ばかり。加えてほかの大学院生や社会人大学生、個性派ぞろいの先生方や研修をサポートしてくれる現地スタッフなど、多種多彩なメンバーに囲まれ、濃密な時間を過ごしました。

毎日朝から晩まで、他人の意見を聴き、自分の意見を聴いてもらい、お互いの思っていることを理解しようとする時間を過ごすなかで体感したのは、自分を開示すること、自分と他者との違いを前提とすること、論破しようとせず互いのよさを認めあうことなど、議論ではなく「対話」を楽しむことがよりよい関係性をつくることでした。半年間、互いに本名ではなくあだ名で呼びあい、年齢も立場も超越したフランクな関係を築けたことも、他人の懐に飛び込み距離を縮める感覚を身につけるいい経験でした。

❖「対話」の重要性に気づく

二つ目は「対話の重要性」です。自治体職員の研修である以上、自治体が抱える課題の解決に資するプログラムが与えられるのですが、この研修でプログラムを提供する事務局側が最も重要視していたのは「市民との協働」とその前提となる「対話」でした。

そのことは、取り立てて座学の講義で教え込まれるというものではありませんでしたが、私たち受講生が自分の自治体の課題を語り、その解決に向けた方策を考えるときに必ず投げかけられるのは「それは本当に市民がもとめているものか」という問いかけでした。

市民との協働の前提として、市民とどう課題を共有するか。課題解決の方向性についてどのように意見交換を行うか。当事者意識を持ってもらうこと、自らの意思で行動してもらうことについて繰り返し問いかけられました。抽象的な理論ではなく具体的な方策を考え、学ぶなかで、市民との「対話」が必要不可欠だという認識に至ったことは、まさにプログラムを提供した先生方のねらいだったのです。

この研修では、研修後に自分の自治体に持ち帰って課題解決までを行うプロジェクトの立案が課せられており、私は「行財政改革」をテーマに掲げていました。ここで半年間考え続けたことが「予算編成に関する庁内分権プロジェクト」。いわゆる現場と官房の「対話」による相互理解と分担を基礎とした「枠配分予算」による組織の自律経営で、今、私があちこちで話している内容の原型となったものです。

研修がはじまる前から持っていた市役所内部の意思疎通不足という課題認識が、研修で最も力を入れていた「対話」という解決策に導かれてプロジェクトとして立案されることとなり、さらにそれを持ち帰って自らの権限で実践することができたのは、仕組まれた偶然としか言いようがありません。

❖「対話」の技術を身につける

三つめは、「対話」の場づくりに必要となる「ファシリテーション」の技法です。市民との「対話」が自治の根幹であるとの考えが研修を貫く基本姿勢であり、その「対話」を円滑に進める場づくりのノウハウは必須のスキルでした。研修のプログラムそのものがグループワーク中心で、ありとあらゆる場面で「対話」の場づくりの実践を任され、それをこなすことでいろいろな技法とその裏にあるファシリテーションの基礎的な考え方を学びました。

人が互いにわかりあうためにどんな場が必要なのか。「対話」の場づくりはおろかファシリテーションという言葉さえも、20年近く仕事をしてきて初めて学びました。今は偉そうに全国で「対立を『対話』で乗り越えろ」なんて説法しているのですから、お恥ずかしい話です。

　この研修では「課題解決能力」「プロジェクト立案能力」などの個人のスキルを磨くとともに、地方自治や行政経営、自分がテーマとして掲げた「行財政改革」についての知識やノウハウを体得することを期待していましたが、研修が終わる時点で一番心に残ったのは「対話」と、その大切さをともに学び、自分に教えてくれた「仲間」のことでした。この半年間の出会いと学びがなかったら、私は今でもただ財政課時代の暗黒の思い出を恨み、その怨念にとらわれて愚痴をこぼすだけのつまらない人生を送っていたかもしれません。

８　市役所には「対話」が足りない

❖研修が終わって気がついたこと

　研修終了後、その成果を市役所内で報告する機会がありました。３回に分けてそれぞれテーマを設定し、座談会形式で参加者との意見交換を中心に開催したところ、「市政においてもとめられる市民参加とは」というテーマを掲げた回では、市の進めている施策事業の現場で、市民参加の必要性やその方法、市民参加をもとめることの効果について悩み苦しんでいる職員の姿が浮き彫りになりました。

　どんな施策事業でも、賛同する人もいれば賛同しない人もいますが、最終的にその施策事業を実施するにあたり、賛成や反対の意見がどのような環境下で形成され、その意見が施策事業にどのような影響を与えるかを見定めたうえで、リスク回避のための戦略を立てるということができていないのではないか、という悩みです。

市民との「対話」が現状では不足していること、その結果、事業実施にあたって多くの負担を強いられていること、またそれを回避するための仕組みづくりができていないことを課題として強く感じたことを覚えています。

❖みんなたこつぼのなかにいる

「よりよい行政経営を目指すには」というテーマで行った意見交換で感じたのは、「市がどういう方向に向かっているのかがわからない」という不安や不満を抱えている職員が多い、ということでした。どの職場でも自分の与えられた役割をこなしてはいるが、それが「何のために」「市の政策のどの部分を担うものとして」行われているのかが整理されておらず、それを考え、理解して仕事をするということが習慣づけられていない。これが組織の上下関係、あるいは横のつながりを希薄にし、みんな「たこつぼ」に入ったままになってしまっている、というのが実情だというものです。

上下の意思疎通の不足については、市長や幹部職員がやれることがもっとあるのではという指摘が多く、組織の壁や担当者同士の壁については、自分の領域だけでなく相手の領域にも興味を持ち、自分の仕事の目的とどこでどうつながるのか、想像力を持って建設的に接することが重要だ、との意見がある一方で、職場でのコミュニケーションが重要なのはわかるが、職場にそういう雰囲気がなく、自分ひとりでは何も変えられない、という意見もありました。

「対話」不足が市役所の根本課題

報告会の最終回となる3回めでは、研修で学んだ成果として、「どうしたら仕事がうまく進むのか」というテーマで、研修で学んだプロジェクトマネジメントの技法について語るつもりでしたが、意見交換では具体的なノウハウの話にならず、「職場での人間関係」が中心となって語られる展開になりました。最も印象に残ったのは市役所の根本的な問題としての「対話不足」。「どうしたら仕事がうまく進むのか」という問いに対する福岡市役所最大の課題を発見し、自覚したのはこの時かもしれません。

そして私は当時書いたブログでこんな決意を表明しています。

報告会を通じて「市役所かくあるべき」と偉そうに語っても自分の行動が伴わなければ意味がない。しかし自分も日々の業務に埋没し、研修でえた素晴らしい知識や経験、そのなかでえた「気づき」を錆びつかせてしまうおそれもある。だがこれだけの市職員から関心を持たれている、ということは、自分にはそれだけ励ましあえる仲間がいるということなのだ。

ひとりで役所を変える、なんて夢みたいな話はなかなか信じられないが、今のままではいけない、なんとかしなければ、と思っている職員一人ひとりの気持ちに対して自分のような人間が小石を投げ、そこから起きる波紋から気づきの連鎖を広げていければ、少しずつゆっくりであっても確実にいい方向に変わっていくことができるのではないか。

これが２００８年11月のことですが、その後私がたどった道を考えると、まるで預言の書のようです。

しかし、私が実際に福岡市役所で、職場や立場を離れて自由気ままに語りあうことができる「ゆる〜い『対話』の場」を開帳する２０１２年の5月までは、さらに3年半の歳月が流れるのです。

いざ「対話」の世界へ

ここまで、私がまだ「対話」という言葉にめぐりあう前からの苦悩と葛藤、そして半年間の研修で開眼した「対話」への目覚めと、それが実際に動き出した瞬間を少々長めの思い出話で追体験していただきました。そのころの思いを共有することで私がなぜ「対話」にこだわっているのか、なぜ自治体職員の皆さんに知ってほしいのか、ご理解いただけたことと思います。

では、お待たせしました。皆さんを「対話」の世界にご案内いたします！

第2章——自治体職員の仕事は「対話」で変わる

1　仕事で「対話」をどう生かす

困難な課題を「対話」が解決

「対話」と言えば、第1章で紹介したように職場を離れた職員同士のゆるい関係づくりに役に立つことはすぐに思い至りますが、日々の仕事や職場では、どんな場面でどんなふうに生かせるのでしょうか。最初に、少し昔の話になりますが、私が初めて日々の業務に「対話」を生かせた例をご紹介します。

東京財団での研修が終わり、2008年の秋に着任した市民局スポーツ課では、「スポーツ振興計画」の策定を担当することになりました。生涯スポーツ、競技スポーツ、プロスポーツと、目的も対象も多岐にわたるスポーツ行政を俯瞰し、提供する施設、機会とそれらを支える人材の育成に関する取り組みをどう関連づけて体系化し、総合化と重点化を図っていくか、難しい命題でした。

また、既に行われている施策事業は所管課、部、局もバラバラで、計画策定に向けた関係者の意思疎通、合意形成は至難の道のり。そんな局面を打開してくれたツールの一つが「対話」だったのです。

最初の一歩は楽しい会議

ある時、市役所内部で複数課がかかわる事業の見直しを協議する際に、議事録をとらないことを前提に、個人として自由気ままに発言しあうグループワークを複数回にわたって行ったことがありました。

役所のなかで行われる「関係課協議」はお互いに自分の組織の立場を正当化し、組織を防衛する主張が行われることが多く、その対立の調整に労力を要するのですが、互いに自分の立場を守ろうとするあまりに問題の本質にたどり着けないことがあります。この案件についてはそれが顕著で、長年課題が放置されているという状態でした。そこで、所属を離れた立場からの発言を容認し、その発言者や組織に責任をとらせない「安全な場」として運営すること、また、結論の方向性について予断を持たず、肩の力を抜いて個々人が発する意見の流れに委ねることとしました。すると、誰かを攻撃するでもなく、自分が責任を負うわけでもないという安心感から積極的な「対話」による課題の洗い出しが行われ、結果として非常に建設的な課題解決の方向性が見出せました。

またある時は、働く人を対象にした運動不足解消のための新規施策を検討するため、実際に福岡の都心部で働いている民間人に声をかけ、「楽しく体を動かすってどういうことだろう」と題した「対話」の場を設けました。BGMをかけ、お菓子を用意して、まるでカフェのようなリラックスした雰囲気で、官民の垣根を越え、職業、立場を脇において自由に言葉を紡ぎ、話題の花を咲かせていく楽しい「対話」の場では、これまでの行政主体の会議では味わうことのない和やかな時間を過ごすことができ、そのなかできらりと光るアイデアはもちろんのこと、それを実現するうえでのキーパーソンや協力者を確保することができました。

❖私がチャレンジできたわけ

この話は、私が半年間で学んだ研修の成果を生かしたいと積極的に組織のなかで提案し、実現したものであるかのように聞こえますが、そうではありません。すべて、当時私と組んでこの難題に取り組んでいた部下職員の発案なのです。

独学でファシリテーションに興味を持ち勉強をしていた彼女からこの場づくりを発案されたとき、私は衝撃を受けました。私が半年の研修期間で体得してきたこの価値観を、通常の仕事をしながら学び、それを実践しようとしている。自分がこれまでの公務員生活で何の疑問も持たずその場に安住していたことを恥ずかしく感じる一方で、たった半年のにわか仕込みの自分でも、彼女と組めば研修で学んだことを実践できる、と勇気づけられたのです。

この職場で彼女と好きなようにやらせてもらい、役所のなかでは相当に挑戦的な「対話」の場を仕事のうえでつくることができたことで、私の「対話」に関する思いは一層強くなりました。また未熟ながら自分の手でその場をつくることも不可能ではないということを知り、自信にもなりました。

今思うと、ここでの小さな成功体験を経て、逆に言えば不相応な挑戦で立ち上がれないほどのダメージを受けるというようなことにならずに済んだことで、「研修の成果を生かし、市役所の組織文化の改善改革に貢献したい」という思いが、心の種火となって私のなかで燃え続けることができたのです。

官民の垣根を越え、職業、立場を脇において自由に言葉を紡ぎ、話題の花を咲かせていく楽しい「対話」の場づくりは、やってみると思いのほかうまくいきます。協力者をえて、まずは小さく手近なところから挑戦してみましょう。

２　ワールドカフェとの出会い

❖ワールドカフェに魅せられて

皆さんは「ワールドカフェ」をご存知ですか？　カフェのようなリラックスした雰囲気のなか、少人数に分かれたテーブルで席替えを行いながら、与えられたお題について自由な「対話」を行うという、場づくりの一手法です。

それぞれのテーブルを一つの国と見立て、参加者が旅人となってほかのテーブルのメンバーと入れ替わりながら世界旅行を続けることから「ワールドカフェ」と名付けられています。「相手の話を聴く」「否定や断定をしない」「結論を導かない」などのグランドルールを守って、気軽に自分を解放し、他者からの気づきをえることができる居心地のよい場をつくることができます。

偶発的な出会いから生まれる創造性を楽しみながら、参加した全員の意見や知識に触れることができるというもので、話しあって何かを決めるのではなく、自由な発想、アイデアをもとめたり、多種多様な参加者の経験やそれに基づく意見などを共有したりすることを目的としています。

私はこの場の雰囲気が大好きで、何かを決める前にアイデアを出しあうときや、たくさんの人が集まり、一人ひとりと十分にコミュニケーションがとれないときはよくこの方法を使っています。

◆500人のワールドカフェ

私とワールドカフェとの関係で忘れてはならないのが、2011年に新たな基本構想を策定する際に実施した「ビジョン・カフェ」です。

福岡市は、昭和の終わりに策定した「福岡市基本構想」を見直し、新たな時代にふさわしいまちの基本構想、基本計画を策定するうえで、これに先立って福岡市の新しいビジョンを市民と一緒につくるプロジェクトに取り組みました。

なかでも一番力を入れたのは「ビジョン・カフェ」。地域、企業、大学など小人数のグループでワールドカフェ形式のワークショップを開催してもらい、そこで25年後の福岡市の未来像について「対話」し、そこで生まれた意見、提案を市全体で集約するというプロジェクトでした。

職員、市民あわせて100回以上、参加者は延べ2500人を数え、多種多彩な参加者から何千件もの意見、提案をもらうことで、市民一人ひとりが描いているまちの将来像を全体のイメージとしてとらえ、共有することができたのです。

圧巻だったのが「ビジョン・カフェ」の一環として2011年9月に行われた「ふくおか未来カフェ」。総勢500人の参加者を一堂に集めたワールドカフェを開催したのです。私も一参加者としてその場にいましたが、年齢も立場も違う500人の市民がまちの将来像を忌憚なく語りあう熱気からは、必ず何かが起こりそうだという胎動の息吹を感じ、また、これだけの人が腹を割って向きあえる敷居の低さ、人懐っこさが醸し出す、福岡のまちの魅力を感じました。

❖福岡市役所のお家芸？

福岡市役所では、２０１０年に市職員の人材育成に関する計画を策定するにあたり、市長を含む幹部職員の「対話」を促すためのワールドカフェが行われたことがあります。

実はこれがきっかけとなって、福岡市役所のなかでは管理職の間でワールドカフェの認知が広まり、その後、職員研修やミーティング等でワールドカフェをやることが増え、いつの間にか私たちは話しあいの際にワールドカフェを用いることが当たり前になっていました。２０１２年に「禁酒令」を契機にはじまった「明日晴れるかな」でも、そんな素地があったからこそ職場や立場を離れたフランクな「対話」ができたのかもしれません。

２０１０年の時点で職員の人材育成に「対話」を取り入れ、幹部職員がワールドカフェを体験することで「対話」の文化を組織のなかに刷り込むことができたというのは、今思うとかなり先駆的な取り組みです。当時の担当者はじめ関係者の皆さんの先見の明とチャレンジ精神に敬意を表したいと思います。

自由な発想、アイデアをもとめ、多種多様な参加者の経験やそれに基づく意見などを共有できるワールドカフェ。気軽に自分を解放し、他者からの気づきをえることができる居心地のよい場として、仕事で活用してみましょう。

3―すべて「対話」が変えてくれた

❖「明日晴れるかな」が開いた扉

2012年にはじまったオフサイトミーティング「明日晴れるかな」は私の人生を一変させました。今では信じられない話ですが、私は当時、福岡市役所の職員以外に友人と呼べるつきあいがほぼなく、プライベートな時間を家族以外と過ごすのは職場関係の飲み会だけという状態でした。しかしこの時を境に同じ市職員でも仕事では縁のない人、一般の民間人や学生さん、ほかの自治体の職員など、全く仕事と関係のない友達が急激に増えたのです。

「明日晴れるかな」を通じて出会った職員が私をそれぞれの職場での「財政出前講座」に呼んでくれたことで市役所のなかで顔が広がり、講座を通して市職員のみんなに届けたかったメッセージが深く浸透しました。「財政出前講座」はほかの自治体職員の目に留まり、「出張財政出前講座」として今や全国からお呼びがかかる人気講座に成長し、おかげで私は本まで書くことができました。

また市職員以外に「明日晴れるかな」の門戸を開いたことで、多数の民間人やほかの自治体職員との交流が深まり、その縁は仕事でも生かされることになりました。

さらに、同じように職場でのオフサイトミーティングに取り組んでいるほかの自治体職員とのつながりが生まれ、今では全国の自治体職員とSNSでつながり、そこでの情報交換や交流を通じて、互いの職場での課題解決に際して知恵を出しあい、学びあい助けあう大きなムーブメントに成長しています。

内向きの世界から外向きの世界へ

私が仕事で「対話」を最も多用したのは、２０１７年度から２０１９年度にかけて在籍した中小企業振興の担当部長の時です。それまで在籍していた財政課は内部調整を司る官房部門なので、仕事は完全に内向きで、仕事で話す相手は基本的に職員。一般市民や経済界とは無縁な職場でした。ところが、異動先のこの職場は経済界、企業人、起業家、研究者、学生、ＮＰＯ、市民活動家、一般市民等々、とにかく市役所の外の人と会って、意見交換、情報交換、交流をしないことにははじまりません。

官房部門が長く、職務で外部との接点が少なかった私にはその方面の人脈が薄いという弱点がありましたが、幸いなことに私には武器がありました。それは、財政課時代にはじめた「対話」の場で培った、仕事以外の場での出会い、つながり、交わりと、それを支えた「対話」の力。

おかげで、市役所内外のさまざまな立場の人たちが「対話」を通じてつながる場をつくることができました。そこから生まれた気づきやアイデア、人と人との交わりが新たな活動の種となって蒔かれ、芽吹くことになったのです。

「対話」が生み出す出会いと交わりによって、公私を問わず活動の場が広がります。そこでえた気づき、アイデア、人との交流が新たな活動の種となり、相互理解や協力の輪が広がっていきます。

4　いろいろな「対話」をやってみた

❖腹を割って話そう

当時、中小企業が抱える最大の課題は人材不足でした。福岡で育った優秀な人材を東京の大手企業に吸い取られてしまう現状を何とかしたい。そう思って市内の大学関係者の意見を伺うなかで明らかになってきたのは、地元志向はあるのに市内企業で働くイメージを持っていないという大学生の姿でした。

このギャップを埋めるには、企業側と学生側が本音で語りあう場が必要なのではないか。そんな思惑からはじまったのが「腹を割って話そう」。市内の大学と共同で、中小企業の経営者や人事担当者と大学生とが「福岡で働く」ことをテーマに語りあうワールドカフェを開催したのです。

就職活動前の1、2年生にも門戸を開き、会社説明会の要素を極力排除した、学生と企業の「対話」の場。仕事上の立場から離れ、ひとりの社会人として参加した大人たちと学生が、福岡で働くことをお題に語りあうなかで一様に感じたのは、「働くことの意味」や「福岡のまちの魅力」でした。

学生は福岡で働くことの本質に気づいて自分の将来を考えるようになり、企業もまた自社の魅力を説くだけでなく、学生が望む福岡での暮らしを提供することの重要性に気づきました。互いに普段交わすことのない本音を知ることができたことで、就職活動期での接点の持ち方に変化が現れました。

話すべき相手と話せていないことで失われているものが世のなかにはたくさんある。そんな関係性のなかで互いに利害を恐れずにフランクに「対話」できる場をつくることの意義を私は感じました。企業と学生とが本音で語る「対話」の場は、その後福岡市内のほかの大学でも取り入れられ、徐々に広がりはじめています。

❖カタリアウヒトツキ

商店街の振興も私の仕事の一つでした。福岡市内に１３０以上ある大小さまざまな商店街の多くは、流通構造や消費行動の変化から販売額が伸び悩み、店舗の減少や後継者不足などの問題を抱えています。そんななかで個々の商店街が自らの課題を見つけ、その解決策を自分で考える力を養うことがより重要と考え、商店街若手経営者の人材育成に取り組むことにしました。

講師は宮崎県日南市の油津商店街を4年間で再生した木藤亮太さん。２０１８年から2年間実施した「商店街ＮＥＸＴチャレンジャー育成事業」では座学は一切行わず、参加メンバー同士の「対話」をベースにおきました。

公募で集まった商店街の若手経営者たちは互いに知らない者同士でしたが、それぞれの商店街で抱える悩み、苦しみ、喜びを共感しあえる仲間を見つけ、すぐに喜びの声を上げました。今後商店街でビジネスをしたい人、商店街の課題解決に興味を持つ人など商店街経営者以外も受講対象としたことで、年齢も業種業態も違う多様な人材が商店街の未来を本気で考え、悩み、語りあうことになりました。互いに打ち解け、本音で語る「対話」の場は毎回驚くほどの熱量で、回を重ねるたびに参加者が互いの視点や論点の違いに気づき、その集合知を磨き高めていく様は見ていて圧巻でした。

この熱量をさらに高め、商店街を何とかしたいと思う市民をより多く巻き込むために２０１９年に実施した「カタリアウヒトツキ」では、4週連続で毎週日曜日に集まって商店街の未来を語りあう「対話」の場をつくり、1か月間で延べ100人近い参加者が熱く濃く語りあいました。

2年間で70名を数える講座の卒業生たちは、この「対話」の輪でえた気づきやつながりを生かしながらそれぞれの場所で商店街の活性化や新たなビジネス創出に励み、成果を出しはじめています。語りあった仲間たちの間には商店街のことをいつも考え、いつでも応援する連帯が育ち、この連帯が軸となって誰かのチャレンジを誰かが応援するという取り組みがはじまっています。

本気で互いに向きあい、思いの丈を語りあう「対話」の持つ熱量が、人を育て、人をつなぎ、人を動かす。そんな「対話」の底力を感じた2年間でした。

❖「対話と学びのまち」を目指して

福岡都市圏に数多く立地する大学の集積を生かして、地域での人材育成に産学官で取り組む共同事業体として、福岡都市圏の15の大学と経済団体、福岡市からなる連携組織「福岡未来創造プラットフォーム」が2019年に設立されました。

この組織の分科会で産学官連携による生涯学習の具体的なプログラムを検討実施することになり、私は中小企業の人材育成を目的とした「リカレント教育（社会人の学び直し）」に取り組むことを提案しました。

当時は現役の社会人が学び直すことの意義が十分認知されておらず、まずは「人が生涯学ぶことの意味」を考え、深めることが重要でした。そこで企業の経営者や働く人、大学等の教育関係者がワールドカフェによる「対話」を通じて、それぞれの立場でリカレント教育の意義や価値に気づいてもらう場「リカレント・カフェ」を半年間開催したのです。

「副業・兼業」「女性の生き方」「人生100年時代」といった切り口でそれぞれの話題に関心のある参加者を募り、敷居の低い「対話」の場を設けたことで、「社会人の学び直し」にあまり関心のなかった参加者にもその認知向上を図ることができ、機運醸成やネットワークの形成も進みました。

「対話」によって普段考えないことを考えてもらうことで、自分の心の深層にある問題意識や興味・関心を引き出すことができること、また、それを同じ場で共有することで仲間づくりやネットワークづくりを同時に行うことができるという、「対話」の効能を感じた取り組みでした。


互いに利害を恐れずに「対話」できる場は社会にとって重要です。「対話」は心の深層にある興味・関心を引き出して気づきを与え、それを共有できる仲間をつなぎます。「対話」が持つ熱量が人を育て、人をつなぎ、人を動かすのです。

5 「対話」の場づくりが職場を育てる

❖また部長がへんなことを言い出した

何かあればすぐ「対話」を活用した場づくりを提案する私のもとにいた当時の部下職員はきっと大変だったでしょう。前例のないワークショップを仕事に持ち込みたがる上司の提案に、戸惑いながらも嫌がることなく仕事としてしっかりと場づくりをしてくれたみんなに感謝したいと思います。

しかし、若手からベテランまで部下職員がこぞって私に付きあってくれたのは、私自身が職場での「対話」を大事にしており、「対話」が楽しく有意義であるということを職員自身が体感していたことが大きく影響しています。

私は当時、4つの課、40人の部下を抱えていましたが、職場が二つの建物に分かれていて互いに日ごろ顔をあわせることがなく、職場内のコミュニケーションが十分でないと感じていました。そこで、部内の職員の互いの心理的距離を近づけ、職場としての一体感を持たせるために、部内の職員が顔をあわせ「対話」する時間を業務として設けることを提案し、毎月最終金曜日の終業時間前の60分を「話金《ハナキン》の会」と名付けた「対話」の場にすることになりました。

建物の分かれた部内の職員が一つの会議室に集まり、ワールドカフェをやったり、それぞれの職場の業務を紹介しあったり、みんなで施設見学に繰り出したり。心を解放された職員たちは互いに自分を開示し、「対話」を楽しむようになりました。輪番で職員たちが会を自主運営するようになり、私が参加できないときもコンスタントに開催していました。部長が言うから仕方なくやるのではなく、自分たちでその意義を感じ、自分たちの「対話」の場を大切に育てていたのです。

そんな素地があったからこそ、私が突拍子もなく「対話」の場づくりの提案をしても、「また部長がへんなことを言い出した」と苦笑しながらも真剣に受け止め、その実現に尽力してくれたのです。

❖事務方トップによるワールドカフェ

一番のチャレンジだったのは、2018年7月に福岡市が事務局となって開催した政令指定都市経済担当局長会議です。この手の会議はあらかじめ議題を定め、事前に各市から回答をもらい、それを分厚い議題回答集に取りまとめて、各市の局長がそれを順番に読むというのが定石です。会議の場で忌憚のない意見が交わされることはほとんどなく、盛り上がるのは会議終了後に催される懇親会でのフリートーク。この形式の会議に辟易していた私は、局長同士によるワールドカフェを提案したのです。

部下職員を説き伏せ、なんとか実施にこぎつけたところ、参加する各市の担当者から問い合わせが殺到しました。「ワールドカフェって何ですか」「うちの局長はどのテーブルに座るのですか」「テーブルでの発言内容は事前に割り振られるのですか」「局長になんて説明したらいいでしょうか」。私たちは、自由闊達な意見交換を通じて会議が活性化され、意義のある場になることを説明し、理解をもとめることになりました。

参加者のほとんどが50代の男性。ワールドカフェという言葉も知らないお歴々が「対話」を楽しんでくれるのか。会議がはじまり、ドキドキしながら「対話」をスタートさせたところ、複数の円卓に分かれて座った局長たちは、水をえた魚のように自由闊達に語りあいはじめました。局長たちが自分の言葉で自由に語ることに飢えていると見込んだ私の思惑は的中したのです。会議は時間を超過するほどに盛り上がり、あらかじめ作成した議題回答集に記載された内容を二層三層にも深掘りした濃密な意見交換が行われました。

話金の会で職員がすでにワールドカフェを経験し、その妙味を体感していたからこそ、局長同士の「対話」という未知のゴールイメージを共有することができ、組織を挙げての挑戦ができたのです。

❖職員発案による「対話」の実践

話金の会は木曜日の開催となり、話木《ハナモク》の会となりました。課ごとの輪番で実施内容を決めていましたが、そのなかでとてもうれしいことがありました。中小企業振興のための計画の改訂を行うにあたり、施策の進捗やその成果、課題について情報を整理し、部全体で取りまとめていく必要があったのですが、これを話木の会でのグループワークでやろうという発案があったのです。

中小企業振興といっても施策の分野は経営支援、人材確保、商店街振興といった具合にさまざまに分かれています。各施策担当が見ている現場の情報で現状や課題を評価するのではなく、各職員が見えているもの、感じていることを「対話」で共有し、部全体で見えているものとして整理していくこのやり方は、各施策を分担している職員同士の持つ情報に横串を差し、多面的、複眼的に評価分析できるとてもいい方法でした。情報の整理がうまくいっただけでなく、二つの建物に分かれて一体感がないという懸念があった40人の所帯が一つになれた証でもありました。

また、この計画改訂のために中小企業経営者有志によるワールドカフェを実施することも職員のなかから提案があり、「対話」による意思疎通、情報共有が仕事で使える手法として職場に定着してきたことも、とてもうれしいことでした。

「対話」が大事と主張する私に部下職員がついてきてくれているのか不安な部分もありましたが、職場のみんなが「対話」の楽しさだけでなく、仕事のうえで役に立つものと感じてそのノウハウを会得してくれたことは、「対話」の文化をオフサイトミーティングだけでなく職場でも広めていきたいと考えていた私にとって大きな自信になりました。

職場内のコミュニケーション手段として行う「対話」の場づくりは、職場を変えるだけではなく、それぞれの仕事で「対話」を生かせる職員、職場を育てます。「対話」の場の価値をまずは職場で体験し、浸透させていきましょう。

6 「対話」がくれた言葉の力

❖はじめに言葉ありき

異なる属性、立場の人間が複数いれば、見ていることも考えていることも違うのが当たり前。それを忌憚なく互いに披露しあい、互いに受け止め、理解しあう「対話」は、私たちにいろいろな力を与え、また普段眠っている潜在的な力を目覚めさせてくれました。

「対話」によって何よりも伸びる力は「話す」こと。「言葉を発する力」です。頭ではイメージできていることでも、それを言葉で表現して他人に理解してもらうというのは意外に難しいものです。「相手に誤解のないように」「失礼のないように」「言質をとられないように」などといろいろ考えてしまい、周到な準備をしてからでないと人前に出られないという人もいます。

私は「対話」の場に身をおくようになって、思ったことを表現する言葉がすぐに出てくるようになりました。もともと言葉を使って話したり書いたりすることは嫌いではありませんが、公式の場できちんと話さなければいけないことでも本当にすらすらと話せるようになりました。互いの心理的安全性が確保された安心できる「対話」の場で、言葉を探して発することに慣れていったおかげです。

「対話」の場を通じて、私の部下職員も「言葉を発する力」を身につけてくれました。先ほど紹介した中小企業経営者とのワールドカフェでは、経験年数の浅い若手職員も並み居るベテラン経営者に混じって堂々と意見を述べ、終盤では自分のグループで出た発言を的確にまとめるプレゼンテーションも行っていました。「対話」の機会が、自信を持って思いを言葉に紡ぐ力を覚醒させたのです。

❖発した言葉に宿る「言霊」

立場を離れて自分を解放できる「対話」の場では、時折、自分が発した言葉に驚く瞬間があります。自分では日ごろ自覚していない胸の内の思いがすっと言葉になって出てきて、言葉を口にした瞬間に「言霊」が宿る瞬間です。

「言霊」とは思っていることを言葉にしたときに吹き込まれる「魂」です。私たちは普段、いろいろなことを感じ、思い、考えていますが、頭のなかにあるうちはおぼろげでぼんやりしていて、常に浮かんでは消えていきます。しかし、言葉にして発した瞬間にはっきりとしたかたち、意味を持って世のなかに実在するようになるのです。

普段何気なく感じている思いをいったん言葉にすることで、自分が思っていたことを自覚し、それが自分の考え、行動を方向づけることがあります。言霊が吹き込まれた「思い」は、すでに胸のなかに秘めていたかたちのないもやもやではなく、はっきりと意味を持った存在として、自分やそれを聞いた人の頭のなかに残り、存在し続けます。そうすると不思議なもので、自分の心が定まるのと同時に、他人がそれを受け止めてリアクションしてくれるようになり、言葉になった「思い」が社会のなかに存在しはじめるのです。

「思い」が行動やかたちに変わるには、この「思いを言葉に」する過程が必要です。言葉にすることによって言霊を持った「思い」が、自分や他人の心のなかで育ち、やがてそれが何かの行動を起こす原動力となるのです。私はこれを「言霊の力」と呼んでいます。

❖思いを言葉に、言葉をかたちに

日ごろ思っていてもなかなか言葉に発することのない「思い」は、頭のなか、胸の内にあるだけでは、その存在に誰も気づきません。自分自身ですら気づいていない場合だってあります。それを「言葉」にすることは、「思い」に魂を吹き込み、この世のなかに存在させる大事なアクションです。

「思い」は「言葉」として発することで自覚し、またほかから認知され、この世に存在します。そうやって言霊を吹き込まれた「思い」は、やがて人の考えや行動に影響を与え、「かたち」になっていきます。

何か悩みがあってもやもやしている人に、私はいつもこう声をかけています。

「思いを言葉に　言葉をかたちに　言霊の力を信じて」

しかし、その最初の一歩を踏み出す、思いを言葉に変える場がない、あるいは足りない人がたくさんいます。私が「対話」の場を渇望しているのも、「対話」の場に身をおいて爽快感を感じるのも、思いを言葉に、言葉をかたちに変えてくれる「言霊の力」に魅せられているからかもしれません。

自然に発する自分の言葉から、自分自身が気づかなかった「思い」を発見したり、他人の言葉から新たな自分の「思い」が生まれたりする、その瞬間に立ち会う快楽に魅了されて、私はこの「言霊が宿る場」から離れられないのです。

「対話」の場に宿る「言霊」の力。自分自身も気づいていなかった思いを言葉にすることで、「言霊」を吹き込まれた「思い」は、やがて人の考えや行動に影響を与え、「かたち」になっていきます。

7　話す×聴く＝認めあう

❖互いに認めあう力

「対話」の場で開眼するもう一つの重要な力は「聴く」ことです。自分が話したいことを一方的に話すだけでは「対話」は成立しません。相手の話すことに耳をそばだて、興味・関心を持って拝聴する。否定も断定もしないで語られるままに受け止める。これも簡単なようで実は結構難しいことです。しかし自らがこれを心がけなければ、逆に自分が語りたいことも相手に聴いてもらうことができない。互いに聴きあうことが必要になるのです。

「対話」の場を重ね、「聴く」ということができるようになったおかげで、私はいろいろな方々との距離が縮まりました。かつて財政課に係長として在籍していたころは口ばかり達者で人の話を聴きもせず、現場を頭ごなしに押さえつける生意気な存在と見られていたことでしょう。しかし課長になって「財政出前講座」やオフサイトミーティングで「対話」をベースにした関係性構築を心がけたおかげで、「財政が厳しい」という逆境をどう乗り越えるか一緒に考えたいという私の姿勢を現場の皆さんに認めてもらうことができました。

中小企業振興の担当部長だったころは、経営者や大学、商店街関係者など市役所の外側の多様な立場の人たちと職場ぐるみで「対話」を重ね、互いのおかれている立場とそれを前提とした課題認識を尊重しながら共通して目指せるところを探っていくことができました。互いのことをわかりあい、認めあおうとしているという気持ちが伝わり、心理的な距離が縮まったことで、互いの声が聞こえやすくなったというのは大きな成果だと思います。

❖「対話」がつなぐ人と人

「対話」は、私や私の職場、あるいはその場に参加してくれたそれぞれが互いの声に耳を傾け、自らを開示する関係性をつくりました。

「財政出前講座」や「明日晴れるかな」では、職員同士が対話によって互いの立場を理解しながら全体最適を目指していく福岡市役所の職場風土改革へとつながり、それが自らを律しチャレンジできる組織づくりの基礎となりました。

商店街や大学関係者との取り組みでは、「対話」を通じてめぐり会った同じ志を持つ者同士が仲間となってコミュニティを形成し、新しいことに取り組む母体となっています。「対話」を通じて世のなかのさまざまな立場、属性の人たちの距離が縮まり、人と人の結びつきの強さが増すということは、私たちの社会を支えるネットワークの基盤が強化されるということでもあります。

この基盤の存在はいざというとき大変心強いものです。何か悩みがあるとき、相談したいときに力を貸してくれる、相談に乗ってくれる、愚痴を聴いてくれるというだけでなく、この基盤からえられる情報や視点が自分の幅を広げ、そのおかげで他者からの共感や信頼が増すという効果もあります。

社会全体でこのネットワーク基盤が張りめぐらされれば、立場や環境が違う他者が理解しあい共感しあうことができる、心理的安全性の高い社会を実現することにつながります。

「対話」によって互いの価値観や課題認識を尊重できるようになり、互いの声が聞こえやすくなることは、人と人の連携、連帯が広がり、その結びつきの強さが増すことにつながります。この結びつきが私たちの社会を支える基盤となるのです。

8｜ファシリテーションって面白い

❖場を読み、場に働きかける

「対話」の場づくりを通じて「話す」「聴く」に加えて身についた第三の力は「ファシリテーション」です。私は特にファシリテーションの勉強を専門的にやったことがあるわけではなく、ワールドカフェにしても誰かの真似事なのですが、気がつけばいろいろな場づくりを任せられるようになりました。場づくりの数をこなすことで、「場を読む」技術は格段に上がったと思います。参加者の関係性やその場への臨み方、発言の趣旨、その受け止め方など、言葉や表情から読み取れることが多くなりました。これはファシリテーションを行ううえで、今、場がどのような状態にあるのか、「話す」「聴く」ことへの参加者の意欲はどうか、それを阻害する要因がないか、気をまわす癖がついたことによります。

そうして読み取った場の空気を変える必要があるときは「場に働きかける」ということもできるようになりました。参加者の感情に寄り添いながら話題を掘り下げる、発言を振る、相槌を打つ、時には話題を変えることも。「対話」の場で参加者が「対話」を楽しめているかどうかを気にすることで会得した技ですが、会議の場では議事を進行し決めるべきことを決めるためにも役立ち、重宝しています。

❖ファシリテーションの底力

ファシリテーションの奥義は、私の尊敬する加留部貴行さんの言葉によると「〜しやすくする」ことなのだそうです。確かに私はこれまで「話しやすくする」「聴きやすくする」ために、場がどのように開かれ、どのような雰囲気、居心地を提供できるか、ということを常に考えてきました。

ファシリテーションとは司会進行のことではありません。参加者の自由な発言を尊重し、対話を楽しんでもらうために、ファシリテーターは主張をしない。「対話」の主役である参加者一人ひとりを尊重し「場に委ねる」こと、その場にいる人がありたいようにいられることが基本です。かつて「禁酒令」直後に開いたオフサイトミーティングでは、怒号が飛び交ったこともありました。しかし、その場の混沌をありのまま受け入れたことで、私は悟りました。どんな意見を持つ人でも受け入れることができる場がなければ、多様な意見が混ざりあうことも、わかりあうこともない。そこにいるすべての人が、そこにいていいのだと許され、認められ、大切にされる場をつくるのがファシリテーターなのです。

これは結構骨が折れることで、場合によっては精神的なタフさがもとめられますが、数々の「対話」の場で修羅場を潜り抜けたおかげで、仕事で厳しい意見対立や感情の激高にさらされてもありのまま受け入れ、その場面から逃げずに向きあうことができるようになりました。それは数々の「対話」の場が私に与えてくれた「ファシリテーションの底力」なのだと思います。

場を読み、場に働きかけるファシリテーションの力。話題を掘り下げる、発言を振る、といった場づくりだけでなく、厳しい意見対立や感情の激高もありのまま受け入れ、その場面から逃げずに向きあうこともできるようになります。

9 まずは「対話」をはじめてみよう

❖財政課長として最後の言葉

2016年の2月、4年間務めた財政課長として最後の予算編成を終えた日に、私は掲示板にこんな投稿をしています。これを読むと、私が「対話」を通じて職場や仕事をどう変えてきたのか、どう変えていきたいのかがわかります。

毎年やっているこの予算編成という作業は、市が行う施策事業に関する膨大な情報を集約、整理し、組織として共有するという意味で、市が行っている組織内コミュニケーションの最たるものだと思います。

これがうまくいくということは、市役所全体のコミュニケーションがうまくとれて、風通しのよい職場がつくられているということでしょうし、組織間、上下のコミュニケーションがうまくいかず、目標やそれに向かう各職場の役割分担と連携、スピード感が食い違えば、ちぐはぐなものができあがるということになると思います。

それは市民、議会との関係性においても言えることで、満足感、納得感はコミュニケーションの密度との相関関係を常に意識する必要があると思います。

個々の職員、職場の持っている力を一つのベクトルに束ね、そのエネルギーを最大化するには、トップ層の示す全体的な目標や方向性に向かって、各局区長やその下部組織の節目を束ねるミドル層のリーダーポスト（部長、課長、係長）にある者の役割が重要で、そういった方々がしっかりとその役割を果たすことのできる場を提供することは、私たち官房部門の役割でもあると思います。

「共有」「共感」そして「共働」

さらに私はその年の3月、財政課長の職責を後任に譲ることになった日にこのように投稿しています。

財布は一つ、トップもひとり、業務は分担していますが、みんな同じ組織の一員です。限られた予算や人員を奪いあったり、あるいは仕事を押しつけあったりしている場合ではありませんし、その調整を誰かに丸投げして自分だけ傷つかないように首をすくめているわけにもいきません。やらなければいけないことが山ほどあるなかで財源も労力も限られているのであれば、みんなで力をあわせるしかないのです。

単なる精神論ではなく、実体として「みんなで力をあわせる」には、情報の「共有」と、そこから生まれる状況認識の「共感」、そしてそれぞれが自分の持ち場でできることを最大限やりとげる「共働」が必要ですが、いきなり「共働」はできません。まずは「共有」と「共感」がしっかりできていないといけないのですが、今、福岡市の現状についての正しい「共有」と「共感」が、職員の間でできているでしょうか。

「群盲象を評す」という言葉があります。

１５０万人の人口を擁し、基礎自治体でありながら市域、県域を越え、九州・アジアのなかで存在感のある交流拠点となっている福岡には、さまざまな側面、要素があります。私たちが担当する業務や、そこに生活する市民として知っているのは、その一部でしかないのに、その知っている一面だけをとらえて、思い思いの福岡市像を描いているのではないでしょうか。

もっと全体を見ましょう。

もっと俯瞰して眺めましょう。

もっと多角的にとらえましょう。

そのためには、今いる場所から見えるもの、聞こえることだけではなく、違う場所から見えるもの、聞こえることに目を向け、耳を傾ける必要があります。

いったん職場、職責を離れ、立場を越えてお互いがそれぞれ持っている情報を出しあい、掛けあわせることで見えてくる福岡市の全体像を「共有」することができれば、もっとやりがいを持って、もっと楽しく、いい仕事ができると思います。

❖できるところから、できることから

「禁酒令」をきっかけに私が「対話」をはじめたとき、たった4年でこんな言葉を掲示板につづることができるとは夢にも思いませんでした。

この投稿は、財政課の係長時代に「対話」のない仕事に嫌気がさし「財政課をぶっ潰す」と言い残して財政課を卒業してから、10年目の春のことです。私はその間、10年後にこのような未来が訪れることを夢見て、信じて、その実現を目標に一歩一歩階段を駆け上がってきたわけではありません。東京財団の研修で「対話」に目覚め、研修終了後はその成果を職場で生かせずに悩み、２０１２年5月に衝動的

に「対話」の場をはじめたときもこんな未来が待っているとは思ってもみませんでした。

ただ目の前にある課題と向きあい、その解決を「対話」という手段で乗り越えたい、そう思って「対話」の場づくりにいそしみ、そこに集う人たちと「対話」の輪を広げ、気がついてみるとこんな高い山のてっぺんにたどり着いていたのです。

その原動力は「対話」の持つ魅力と「対話」がくれたさまざまな問題解決の経験でした。私はそのおかげで今もこうして「対話」について語り、「対話」を愛する仲間を増やしていきたいと思い、今、この本を書いています。

最初から大きな目標を掲げなくても、「対話」をはじめることはできます。そしてその「対話」を楽しみながら、私のように小さな成功体験を積み重ねていくうちに、いつの間にか大きな花が咲いているかもしれません。

まずは「対話」をはじめてみましょう。できるところから。できることから。

みんなで力をあわせるには「共有」と「共感」から導かれる「共働」が必要。それぞれ持っている情報を掛けあわせることで見えてくる全体像の「共有」を「対話」で実現していくために、まずは仲間づくりからはじめていきましょう。

対話こぼれ話 1
全国に広まった「公務員と語る 公務員を語る」

「公務員と語る　公務員を語る」という対話イベントをご存じでしょうか。自治体職員志望の学生と現役の自治体職員が一堂に会し、仕事や職場の様子、やりがい、魅力について本音で語りあう対話と交流の場です。自治体の職員採用部署が行うものではなく、自治体職員の有志が任意で取り組むオフサイト活動として全国で行われていますが、実はこの企画、福岡市が発祥なのです。

2013年に私が財政出前講座として市内大学の授業に呼ばれた際に、財政の話だけでなく自治体全体の話、特に自治体職員の仕事について話が聞きたいという学生からの意見をもらい、オフサイトミーティング「明日晴れるかな」の一企画として学生と市職員が混ざりあったゆる〜い対話の場を設けたところ、学生、参加職員双方に大変好評で、その後も継続的に開催しています。

この企画では、学生と市職員が対になり、学生と自治体職員の「対話」を通じて互いの気づきや思いを共有していくのですが、学生が自治体職員や職場の実態を知るだけでなく、自治体職員の側も自分自身が毎日の仕事のなかでどのようなことにやりがいを感じ、何を大切にして仕事をしているのかをあらためて振り返るとてもよい機会です。

自治体職員の仕事や組織の魅力を再認識し、自治体職員を目指した原点に立ち返ることもできる有意義な場であることをSNSに投稿したところ、山形県酒田市、東京都中野区などから「同じようなことをやってみたいので内容を教えてほしい」と問い合わせがあり、その後「公務員と語る　公務員を語る」というイベント名はそのままでTTP（徹底的にパクる）され、各地で進化しながら全国に伝播していったものです。

自治体の業務で先進事例を調査して模倣するというのはよくある話ですが、オフサイトミーティングでの「対話」の場づくりについて先進事例として模倣され、それが全国に広まっていったというのは発祥の地として大変うれしいことです。私自身もこの企画をベースに第２章でご紹介した企業経営者と学生の「対話」の場「腹を割って話そう」を実施したわけですから、それだけ汎用性が高い「対話」の場だったということですね。

第３章　知っておきたい「対話」のコツ

1　「対話」の場を支えるもの

❖大事なのは居心地のよさ

第1章では私が「対話」に魅せられた経緯、第2章では「対話」を通じて私の仕事や職場がどのように変わったのか、を紹介してきました。

ここまでで紹介した「対話」の場にいずれも共通しているのは参加者の「心理的安全性」が保たれていることです。自分がどのような立場で参加しても、何を発言しても、そのことで誰かから責められたりしない。言いたいことが言えて、それがその場で誰からも受け入れられるという居心地のよさが「対話」の基本であり、ここが「議論」と違うところです。

ここからは、9年の間続けてきた「対話」の場づくりを通じて私が体得した、心理的安全性を確保し居心地のよさをつくり出すアイデアを紹介します。

❖すべての人が適任者

「明日晴れるかな」は毎回ただ話すだけで、学びを蓄積したり、話しあって結論を出したり、それを行動に移したりという、話した後の発展進化がありません。そんな目的のない会合になぜみんな参加するのか、どうして9年もの間続いているのかと不思議に思う人もいるようです。

この場が続いている秘訣は、「すべての人が適任者」という考え方をベースにした「居心地のよさ」

です。いつでも誰でも参加できるように、あらかじめのメンバー登録も、当日の参加申し込みもありません。初めての人や久しぶりの人が肩身の狭い思いをしないですむように、いつ誰が来た、何人来たという記録も一切とっていません。

これは、もともとこの「対話」の場がはじまるきっかけとなった「禁酒令」について、市職員である私たちのなかでも賛否が分かれ、戸惑い、怒り、落胆などさまざまな感情が入り混じっていたので、どのような立場で参加しても構わない、どのような意見を述べても否定しないで互いに自分の腹の底にある思いをぶちまけようという趣旨が場づくりの根底にありました。

同じ市職員でも「禁酒令」に対する立場、見解が異なる者同士での「対話」は、最初のうちは荒れに荒れましたが、いつの間にか互いの声に耳を傾け、相手の感情や主張を尊重できるようになりました。そこで私たちに身についたのが、当時この場のファシリテーターを務めていた福岡市職員の吉崎謙作さんが教えてくれた「すべての人が適任者」という考え方です。

みんなと同じ意見を持っていなくても構わない。改革意欲に燃えていなくても、愚痴ばかりこぼしていても構わない。その場にいる誰もが「ここにいていいんだよ」と互いに許容される場。初めての参加でも、めったに参加していない久しぶりの参加でも構わない。職種や職責、年齢や性別も問われず、誰もが周りを気にすることなく自由に自分の立ち位置を定めることができ、そのことをお互いに認め、尊重できる場。私たちのゆる〜い「対話」の場の居心地のよさは、いつの間にかできあがったこのグランドルールのおかげなのです。

「対話」の場では、そこにいるすべての人が適任者です。誰もが周りを気にすることなく自由に自分の立ち位置を定めることができ、そのことをお互いに認め、尊重できる居心地のよさを大事にしましょう。

2　個人商店と常連客

❖誰かがいないとはじまらない、ではなく

9年間で230回以上続く「明日晴れるかな」。長く続くと必ず「いつもの誰か」がいないと成立しないというイメージがついてしまいがちですが、私はそんな場にはしたくないというこだわりを持っています。

当初は、発起人の私とファシリテーターを務める吉崎さんがそろう日に開催することにしていました。まずこの場はどんな場所であるかを発起人が趣旨説明する、ファシリテーターがグランドルールを説明し、安全に「対話」できる場として進行するということが開催の前提とされていたのです。

しかし、業務の都合等により吉崎さんも私も毎回の参加が難しくなりました。特に私は当時財政課長で、本業の予算編成が佳境を迎えればとても参加できないことがわかっていたので、私や吉崎さんがい

なくても場が運営できるようにしようという意識を当初から強く持っていました。

回を重ねるうちに自然と吉崎さんがいなくても誰かがファシリテーションをするようになり、次第に誰かがファシリテーターとして前に立ったり「対話」のルールを明示して司会進行したりしなくても、参加者同士でちゃんとした「対話」ができるようになっていったのです。

そのうち、みんなで役割分担や当番を決めたわけでもないのに、空き会議室を確保して掲示板に掲示し、当日に部屋の鍵を開ける「鍵開け人」が自然と現れました。

「今日、誰か鍵、開けられる人いますか？」

「あー、僕が開けておきますよ」

「今日、私、行けませんけど、来た人にお任せしておきますね」

私は今でも発起人の立場ではありますが、毎回必ず参加しなければいけないという呪縛から解放され、参加するみんなもそのことを当たり前のこととして受け入れてくれています。

❖すべての人が等しく受け入れられる場

「明日晴れるかな」は私の個人商店の屋号ではありません。自分がいなくても誰かがのれんを掲げ、みんなでその場を守ってくれる、そんな場が自然とできあがり、９年経った今も守り続けることができています。

参加する人は、いつも来る人、昔から来ている人といった「常連」と、初めての人、日が浅い人、たまにしか来ない人といった「非・常連」に大別されますが、私たちは、外から見てそのことを意識させないように、あらゆる場面で「同じメンバーが集まっている」感じを出さないよう心がけています。なぜかというと、常連の群れを見ると疎外感を感じる人がいるからです。私自身、別のコミュニティに加わったときに、常連にしかわからない内輪受けで盛り上がるノリにおいてきぼりを食らい、疎外感を味わったことが何度かありました。

常連同士、気心の知れたいつものメンバーに囲まれ、阿吽の呼吸で通じあえる場は本当に居心地がよいものですが、その濃い人間関係の輪の外側にいる人から見て、輪のなかは居心地がよさそうに見えるでしょうか。自分が許容されるかどうかが不安で、なかなかその輪に入っていけない人もいるのです。

私たちの「対話」の場では「すべての人が適任者」。その居心地は発起人や常連メンバーなどの「いつもの誰か」がいることによって実現されるのではなく、そこに臨む者がそれぞれの参加者を尊重し、互いに受容することによって実現されます。だからこそ、個人商店ではない場、常連が我が物顔で闊歩するのではなくすべての人が等しく受け入れられる場を目指したいのです。

仕事でも地域の行事でも、敷居を低く構え、多種多様な方々が参画する場であるならば、個人商店ののれんを下ろし、常連のにおいを消すことで、誰もが等しく受け入れられる場と見てもらえるように心がけましょう。

> いつもの誰かがいないとはじまらない、常連が集う場は敬遠されがちです。
> 初めてでも久しぶりでも、誰もが等しく受け入れられる場を準備しましょう。

３　それぞれの立場を越えて

❖立場の鎧を脱ぐ

「明日晴れるかな」で、私は「今村さん」と呼ばれています。市職員同士だと役職者に対しては「〇〇課長」「〇〇係長」という肩書付きの呼称で呼びがちですが、ここではお互い「〇〇さん」と呼ぶことで統一しています。これは自然発生的にそうなったのですが、とてもいい文化、習慣だと思います。

「明日晴れるかな」がはじまったとき私はすでに財政課長でした。普通なら厳しい査定で現場に恐れられ、泣く子も黙る鬼課長としてすべての職員から距離をおかれる立場でしたが、肩書なしの「さん付け」で呼ばれるおかげで、みんながフランクに接してくれ、私自身も肩の力を抜いて素の自分を気軽にさらすことができました。

職場や立場を越えて自由気ままに語りあうためには、まず自分自身の心の解放が必要です。肩書で呼びあうのをやめ、個人としてそこにいることを互いに認めあうことで、それぞれの心理的安全性が保たれることにつながるのです。

❖「自己紹介ゲーム」で感じてほしいこと

私は、主催するワークショップの冒頭で、「自己紹介ゲーム」というアイスブレイクをやっています。隣りあった方とペアになって、交代で１分間ずつ自己紹介しあうという単純なゲームですが、自己紹介のなかでは「居住地」「組織」「仕事」に関することを言ってはいけない、というルールになっています。生まれてから今までに住んだことがある場所、すべてNGです。どんな組織に属しているか、会社、サークル・部活、出身校もダメ、自治体職員、会社員、主婦、自営業、など職業や仕事に関する情報も一切しゃべれません。皆さんはこの三つのNGワードを避けて、1分間自分のことを話せますか？

このゲームで私は、いかに自分が属性に縛られているか、属性で人を峻別しているか、ということに気づいてもらうようにしています。出身地や職業など、誰もが知っている属性で自分を語り、人を判断するのは簡単ですが、その属性が持つ先入観によって、お互いに見られたい自分に見てもらえないかもしれません。職責や立場を離れた自由な「対話」を促進したい場では、お互いに立場の鎧を脱いで、素の自分で本音を語りあう必要があり、参加者がそう意識できるよう、このゲームをやっています。

このゲームは、場の緊張感を和らげるアイスブレイクとして大変効果があります。強制的に自分を開示せざるをえなくなった二人の距離感が一気に縮まることで、自分がこの場で許容されたという心理的安全性を感じることができるのです。

仕事関係の会議や協議の場ではなかなか難しい面もありますが、自由闊達な意見交換を行うのであれば、少し遊び心を持ったこんなやり方で、いったん立場の鎧を脱いでもらう工夫も効果的です。

肩書で呼びあうのをやめ、個人としてそこにいることを認めあいましょう。素のままの自分が許容された安心感から、職場や立場を離れた自由な「対話」が進みます。

4　参加者が口を開きやすい場をつくる

❖聞きたいことは何ですか

「財政出前講座」の冒頭で、私は必ず参加者に「今日聴きたいことは何ですか?」と問いかけます。

「財政」という言葉一つとってみても、その言葉が表すもの、知っていること、わからないこと、知りたいことは人によって千差万別です。せっかく時間を割いて聴きに来てくれたのに、期待外れの時間を過ごしてもらうのは申し訳ない。私は必ずこの問いかけを会場に投じ、その内容に沿って話すようにしています。

この問いかけは「財政出前講座」をはじめたばかりのころに犯した大きな過ちの反省に立っています。当時私は、あらかじめ準備した三十数ページのスライド資料を最初のページから順々にめくりながら話していましたが、話しはじめて5分も経たないうちに参加者が一人また一人と眠りにつくという悲しい現実に直面しました。

私の講座の組み立てそのものが、最初のページから財政に関する一定の知識がないと理解できない構造になっていたのですが、私は当時、参加している職員がその前提となる知識を持っていないことに気づいていなかったのです。

講師が「話したいこと」と聴衆が「聴きたいこと」は違います。講師は「話したいこと」を一方的に話すのではなく、聴衆の「聴きたいこと」に寄り添いながら、「話すべきこと」を話す。そうでないと

「伝える」が「伝わる」にならない。これが、私が出前講座の講師として身をもって体験したことです。

❖こんな発言しても大丈夫？

とはいえ、私が「皆さんが今日聴きたいことは何ですか？」と問いかけても、即座に誰かの手が挙がるということはめったにありません。これは、聴きたいこと、話してほしいテーマは思いついても「こんな質問をしてもいいんだろうか」という不安によるものです。「今さらこんなことも知らないなんて言ったら恥ずかしい」といった不安が頭のなかを駆けめぐり、沈黙を決め込む人が多いのです。

数十人のなかで自分が許容されるかを確認するのには勇気がいりますので、少人数のグループに分け、自分の発言が許容される、批判されないという心理的安全性を確保し、発言への抵抗感が和らぐようにします。

似たような話として、講座の後に質疑応答の時間を設ける場合も同じです。「今の話を聴いてどう思ったか、隣の人と少し話してみてください」と1、2分の時間を与えると、そのあとに質問をする人の数が格段に増えます。まず少人数で話すというのは、静寂を破る勇気がなくても口を開くことができる気楽な場をつくるのに有効です。

❖いてもいなくてもいい人

会議やいろいろな方との交流の場で時々「別に自分がいなくてもいいんじゃないか」と思うことがあります。自分が主役にならない場で、その場の主役を中心に会話が繰り広げられ、黙って相槌だけ打っている。私はこういう場がとてもつまらないのですが、逆にそういう場であえて気配を消し、自分が中心にならないように息をひそめ、そこで交わされる言葉に耳をそばだてる人たちもいます。

発言していない人がいると、居心地が悪いのではないかと勝手に気を回し、「まんべんなく発言してもらわなければ」と話題を振ったりしがちですが、あえて気配を消している人からすればそういうお節介が嫌なんですよね。

私も最近は、自分が話さなくていい場で、中心に立つことができない居心地の悪さではなく、無理に中心に立たせようとする居心地の悪さも観察できるようになりました。

その場にどのように臨むことが本人にとっての居心地のよさなのかは人それぞれ。話したい人がいれば、聴きたい人もいる。必ずしも自分の話を聴いてほしいという人ばかりではないのです。

話すばかりで聴かない人はマナー違反ですが、聴くばかりで話さない人は「対話」の場では「いなくてもいい人」ではありません。その多様性を理解し尊重し「そこにいていい人」として許容する。それもまた「対話」の場の妙だと思います。

話したいこと、聴きたいことを場で共有することで、参加者がその場にいることや発言することが許される雰囲気ができあがります。もちろん、発言しないでただ聴くだけの参加も許されることが大事です。

5　議論と「対話」と雑談と

❖議論の前に「対話」をおく

「対話が大事なのはわかるけど、対話では物事は決まらないよね」
「相手の言うことを『わかるわかる』って言ってるだけじゃ議論が深まらない」
「仕事を進めるには議論こそ必要なのでは？」

私が「対話」の重要性を語る際に時々聞く言葉です。それは確かにそのとおり。ここまで話してきたことは語りあうだけのオフサイトミーティングならわかるけど、「仕事で『対話』って必要なの？」「役に立つの？」というご質問もあるでしょう。

「対話」は物事を決める場面で行うことではありませんが、物事を決めるうえでなくてはならないプロセスです。意見が対立し、互いの主張がかみあわないときに、多数決あるいは権限のある者への一任という手段をとる場合があります。それは当然「決める」ための手段ですが、そうやって決まった物事を実際に動かすときに、利害のある関係者が一定の納得感を持ち、当事者意識を持って「決まり」に従って行動することができなければ、「決める」ことの意味が失われてしまいます。「決める」ことは目的ではなく、決まったことに従い物事を動かすための方法でしかないのです。

そうすると、多数決などの手段で最終的に物事が決まるまでに納得感や当事者意識を持つプロセスが重要になります。物事を決める背景や目的についてどの程度情報共有ができたのか。対立する考え方を持つ人たちの立場や考え方をどれだけ互いに理解できたのか。自分の立場、主張をどれだけ真摯に受け止めてもらえたのか。そういったことは「議論」によって深められていくという理解が一般的ですが、その議論に入る前に「対話」をおくべきだと私は思うのです。

❖議論の質を高める「対話」

自治体のある職場で、ある事業を推進する際に、利害の異なる関係課の課長を集めた会議で議論する場合を考えてみてください。関係課の課長は自分の課の所掌事務との関係から、問題点や改善すべきことをそれぞれの立場で発言します。当然、自分の課が不利になるようなことは発言しにくいですし、自分の課の負担が増えるような発言を不用意にしてしまうとその責任を持たされる結論へと導かれるので、発言は慎重に、保守的に、防御的にならざるをえません。

しかし、それで本当に結論に至ることができるのか、また、その結論は市民のために最もよい結論なのか、関係者が力をあわせて実現していこうという気概を共有できる結論なのか疑問です。

そこで「議論」の前に「対話」をおいてみましょう。

まずは、先入観を持たず、否定も断定もしないで相手の思いを「聴く」。

次に、自分自身の立場の鎧を脱ぎ、心を開いて自分の思いを「語る」。

互いにありのままの思いをぶつけ、それを真正面から受け止めることで、事案の目的や背景に関する情報を共有し、同等に理解することができるだけでなく、関係する当事者がそれぞれ互いの立場を尊重し信頼できるかどうかという関係性を確認しあうことができることになります。

その関係性こそが、意見が対立したときに譲歩し妥協するときの心理的な背景になりますし、導かれた結論への納得感、当事者意識、その結論に従って行動しようという動機づけになります。「対話」はその後におかれる「議論」の質を高め、結論の実効性を高める役割を果たしているのです。

❖相手との距離を縮める「対話」

「対話」を「議論」の前におく仕組みの例としては、関係者を一堂に会してワールドカフェなどのワークショップを行い、立場や職責を離れて自由に意見を述べてもらうという方法があります。これは、事案にまつわるさまざまな情報を収集することができるだけでなく、関係する者同士が顔の見える関係になるという効果もあり、私もいろいろな場面で活用してきました。

そこで集まった情報やそこで見えた関係者の関係性をもとに事務局として論点を整理し、議論の進め方を設計することで、誰が何を議論して決めるのか、どのようにそれぞれの納得を引き出すかを丁寧に検討することができます。

また、普段からいろいろな立場や職責の方々と「対話」しておくことで情報を共有し、心理的な距離を縮めておけば、いつでも「議論」に入れます。私の財政課長時代は、まさに各職場に出向いての「財政出前講座」がこの「対話」の入り口でしたし、そのほかの場でも、公私ともに官民の垣根を越えてたくさんの方と「対話」していることが、何かを一緒にやろうとするときの議論や結論が出た後の行動に大変役に立ちました。

❖「対話」の前にまず雑談

さりとて、ある日突然「対話」をはじめましょうと言ってもすぐに「対話」ははじまりません。そこでお勧めしたいのが「雑談」です。

皆さんは、誰と、どんな時に雑談をしますか？　気心の知れた人と、互いにリラックスしているときが多いと思います。「雑談」は何かの特定のテーマについて真面目に意見を交わすわけではないので、当然、内容はとりとめもない話が多く、そこで出た話が何かの役に立つわけではありません。

しかし「雑談」は、お互いの心理的な距離を縮めるという効果があります。雑談をしている間柄であれば、何が好きで何が嫌いか、どういうところに興味・関心があるか、ある事象に対してどのように受け止め、反応するかという想像がある程度できるようになります。そういう想像ができる間柄であれば、少し突っ込んだ真面目なテーマでの「対話」も比較的スムーズにはじめられるのです。

「議論」の前に「対話」をおく。「対話」の前に「雑談」をおく。

この実践で、今までうまくいかなかった「議論」がうまくいき、そこでえられた結論に基づいて行動がとられていくのです。

> 「対話」はその後におかれる「議論」の質を高め、結論の実効性を高める役割を果たします。情報を共有し心理的な距離を縮めるために「議論」の前に「対話」を、「対話」の前に「雑談」をおきましょう。

6　愚痴からはじまるエトセトラ

❖「対話」と雑談の違い

そもそも「対話」と「雑談」、どこがどう違うのでしょう。

「雑談」は他愛もない話です。天気の話、芸能の話、スポーツの話など、毒にも薬にもならないその場限りの言葉のキャッチボール。別に相手が真剣に聴いてくれなくてもいいし、自分も真面目に聴くことも、話すことも必要ないものです。

「雑談」に比べると「対話」は、自分の内面を開き、相手の言葉を真摯に受け止めるという姿勢がお互いに必要になります。話の内容に一定の主張があり、その主張を否定も断定もせずに尊重し拝聴する。意味のない「雑談」と、物事を決めるための「議論」とのちょうど中間点が「対話」です。

「対話」は、お互いの内面を開示する必要がありますので、相手にそれを許容してもらえるという心理的安全性が必要になります。ここで話したことで誰かから攻撃されたり、責任をとらされたりすることはない、という担保がなければ、なかなか自分の内面を率直に開示することは難しいでしょう。

❖結局愚痴からはじまった

私は数多くの「対話」を経験してきましたが、そのなかでいい「対話」だったと思える場面には共通の現象があります。それは「愚痴で盛り上がる」ことです。職場の愚痴、家庭の愚痴、いろいろな愚痴がありますが、皆さんはどこでも誰とでも愚痴を語ることができますか？　たぶんある程度親しく、自分のことを理解してくれている相手方に対し、愚痴を言っても自分の安全を脅かされることがないような場面でしか話さないはず。実はこの間柄、場面こそが「対話」ができる条件が整った場なのです。

なので私は、誰かの愚痴がはじまると高揚感がわいてきます。この人はこの場の心理的安全性を感じて自己開示してくれている。その場にいる人みんながその愚痴を拝聴し、否定や断定、言い争いをせずにいろいろな意見を述べ、それぞれの立場、主張を認めあっている。これこそが「対話」だよなあ、と思うとゾクゾクしてくるのです。

「対話」のやり方がわからないという方は、まず誰かと「愚痴」を語る場をつくってみてください。そこで、今まで自分が居心地のよかった場所のことを思い出しながら、自分なりに「愚痴」を語りやすい雰囲気づくりをしてみてください。愚痴を言いあい、腹を割って話しあえる仲間ができ、その輪が少しずつ広がって「愚痴（対話）っていいよね」という人が増えていくことで、「対話」を理解し、実践できる人が増え、「対話」の場がつくりやすくなります。「対話」を理解し実践する人が増えれば、「雑談」を「対話」に変え、あるいは「議論」の前に「対話」をおくこともきっと難しくなくなります。

> 愚痴が言えるのはその場の心理的安全性を感じて自己開示できるからこそ。
> 愚痴を語れるということは「対話」ができる場であるということ。
> 愚痴を語る場づくりが「対話」の場づくりにつながります。

7 「許す」のが「対話」の奥義

❖「開く」と「許す」どちらが難しい？

「対話」は、自分自身の立場の鎧を脱ぎ、心を開いて自分の思いを「語る」ことと、先入観を持たず否定も断定もしないで相手の思いを「聴く」ことから成り立っています。

「語る」は「開く」、「聴く」は「許す」ともとらえられます。

「開く」は自分の持っている情報や内心を開示すること。

「許す」は相手の立場、見解をありのまま受け入れること。

安心して自己開示できるためには、開示する自分を受け入れる土壌、自分が「許される」という場の空気が必要ですが、これにはその場の参加者それぞれが自分を「開く」と同時に相手を「許す」ことが必要になります。

顔も名前も知らない者同士で「対話」をはじめるときは「開く」ことが難しいと感じるでしょう。相手が何者かわからないなかで、自分を受け入れてもらえるか、という不安から、自分のすべてを開示できず、当たり障りのない話しかできないという経験は、誰にでもあることだと思います。

この問題は技術的に解決できます。例えばワークショップの冒頭に、先ほど紹介した自己紹介ゲームのように、互いの心理的な壁を取り除き自己を開示しやすくするアイスブレイクをおきます。自分の開示した自己を相手方が「許す」ことをグランドルールとして示すことで、参加者各自がそこに「許される」という心理的安全性を感じ取ることができ、「開く」ことができるというわけです。

❖親しいからこそ「許せない」

生まれも育ちも同じ地域で、小さいころから互いをよく知っていて、親兄弟のつきあいも濃密な関係ばかりという土地柄の自治体でも、「対話」が不足しているという話を聞きます。

旧知の間柄なのだから何かあればすぐに以心伝心で動けるはず。よく知った仲なのだから自分を「開く」ことは簡単にできそうだ。そんな親密な関係性のコミュニティで「対話」不足なんて問題が起こるわけがないと思うのですが、実は「互いに知り過ぎているせいで本音が言えない」というものなのだそうです。

旧知の仲だから何でも「許される」というのは誤解で、互いの関係性がもともと深いので、発言者と意見を切り離して受け止めることができず、「あいつはこんなことを言った」とラベルを貼ってしまいがち。ラベルはその場を離れ日常生活に戻った後もはがされず、結局そこでの発言が半永久的にその小さなコミュニティで伝承されていくので、やすやすと自己開示などできないというわけです。

ずっと同じ地域で暮らし、小さいころから知っているということは、ちょっとしたいざこざや対立、残ったしこりも全部覚えているということなのですね。これでは心理的安全性を確保することなどできるはずがありません。では、このように関係性の濃密なコミュニティでは、組織や立場を離れた自由な「対話」というのは成立しないのでしょうか。

❖建前の無礼講では意味がない

一つの解決策は技術的に「許す」ことを促すために、相手方のありのままを受け入れることができる場づくりの手法を取り入れることです。自己開示を促すアイスブレイクがあるのですから、相手方を許容するためのファシリテーションの技法もきっとあるでしょう。

参加者が互いに「許す」ことを導く技法としてわかりやすいのは「無礼講」ですね。互いの身分の上下、立場の違いを脇において、その場限りで無礼を許しあう技法は、身分や立場の違う者同士が互いの考えをすりあわせることが円満に社会を営んでいくために必要だという、古くからの生活の知恵です。

しかしながら、例えば懇親会で「今日は無礼講だ」と言っても掛け声だけで、実際には厳然と上下関係や利害関係が残り、場の空気として無視できないことはありますよね。本当の意味で「許される」というルールが徹底されていなければ、せっかくの無礼講も意味がなくなってしまいます。

ファシリテーションの技法を用いて「許す」というグランドルールに導いたとしても、その意味を正しく理解していなければ掛け声だけの無礼講と同じことになってしまいます。では「許す」とはどういうことを指すのでしょうか。

「対話」には、自分の持っている情報や内心を安心して「開く」と同時に相手の立場、見解をありのまま受け入れ「許す」ことが必要です。顔も名前も知らない大人数では「開く」、少人数の旧知の仲では「許す」ことに留意しましょう。

８　なぜ「許す」ことが難しいのか

ツッコまないツッコミに学ぶこと

お笑い芸人「ぺこぱ」、皆さんご存知ですか。ボケのシュウペイとツッコミの松陰寺太勇のふたりからなる漫才コンビですが、そのネタの特徴は「ツッコまないツッコミ」です。

シュウペイの自由奔放なボケを、ツッコミであるはずの松陰寺が漫才の常道であるツッコミのセリフを振りかざしつつツッコまずにすべてを許容する。このツッコみそうでツッコまないというズレが彼らの持ち味なのですが、実はこのスタイルに、件の「許す」についての重要な要素が隠されています。

「ありえない、とも言い切れない」

漫才の途中、およそありえないことを夢想するシュウペイのボケに対し、観客の常識に則って「ありえないだろ！」とツッコむべきところ、そのセリフを発しようとする松陰寺の脳裏によぎるのはシュウペイへの許容です。

私たちは、ある意見、見解に対し、自分の持っている価値観や常識に照らしてその賛否を判断しがちですが、この漫才での松陰寺は違います。ひょっとすると自分の先入観、常識が間違っているのかもしれない。そう感じた松陰寺は「とも言い切れない」と言い足して、自分の判断をいったん留保し、シュウペイのボケを受け入れるのです。

相方のすべてを許容する松陰寺のツッコまないツッコミの裏にあるのは相方シュウペイへの絶大なる

敬愛の念です。相方の言うこと、やることがどれだけ荒唐無稽でも掟破りでも、何か意味があるもの、価値があるものという前提で受け止め、決して自分の固定観念、常識、先入観で切り捨てない。そこには、相手を自分と同等の人格として認め、常に公平に平等に扱おうという哲学と、そのためには自分の固定観念、常識、先入観を常にいったん脇におくべしという意思を感じます。

実はこの相手方への敬愛の念をベースにした「公平」「平等」と「脇におく」感覚こそが、「対話」の場で相手を「許す」にあたり最も重要な要素なのです。

❖公平平等を妨げるものは

「公平」「平等」は、年齢や性別、社会的な地位や知識経験などで自分よりも格が上か下かを判断することなく相手のことを見る、すなわち属性による先入観の排除です。相手の属性に基づき自分より格が上か下かを峻別したいという気持ちよりも、すべての人が公平平等に扱われたいはずであるという他者理解が勝るのは、その源泉に他者への尊敬の念、愛情があるからです。

相手方を下に見ることなく公平平等に尊重したいという敬愛の念に対して、自分の固定観念が邪魔になるのであればそれをいったん脇におく。誰が何を言おうとすべてを許容できるようになった結果、お互いが心理的安全性を感じ、「対話」がはじまっていくのです。

では、関係性の濃密なコミュニティで相手方を「公平平等」に扱い、いったん自分の価値観を「脇におく」ことができないのは、あれだけ濃密な関係にありながら互いに尊敬の念や愛情が足りないということなのでしょうか。

❖親しき仲にも礼儀あり

尊敬の念や愛情があっても、互いの関係性が近すぎると自分自身との同一性を錯覚あるいは期待してしまうことがあります。これは家族、特に親子や夫婦などの非常に近い関係ではよくありますよね。親子なんだからわかってもらえるはず。夫婦なんだから同じことを考えて当たり前。私たちは関係性が近い人を「他人」と扱えなくなる傾向があります。非常に近い関係で過ごしているうちに、相手が自分と違う一個の人格を持っていることを忘れてトラブルに至る経験、皆さんもあるのではないでしょうか。

どれだけ仲のよい親子でも夫婦でも人格は別。相手は自分とは違うひとりの人間です。円満な親子、夫婦のあるべき姿は、相手を自分が尊重すべき人権を持った他者と認識し、最大限の敬意を持って接すること。関係性が近すぎるが故の過干渉は、関係性の濃密なコミュニティでも同じです。

長年連れ添ってきた仲間同士でも本来は個々別々の存在。自分と違う他者であり、その考えには必ず違いがあります。長く一緒にいたから、関係性が近いから自分と同じなのではないかという錯覚や期待を拭い去り、そのうえで年齢や性別、職業などの属性をいったん脇において互いの人格を認め、すべての人を公平平等に扱う、そんな意識づけの訓練が必要なのです。

> 誰をも公平平等に尊重したいという敬愛の念を持ち、自分の固定観念をいったん脇においてみましょう。そうすれば、すべてを許容できるようになり、互いに心理的安全性を感じ、そこから「対話」がはじまっていきます。

9 許しあうために守るべきこと

❖「許す」≠「同意する」

「対話」の重要な構成要素である「許す」という概念は相手の立場、見解をありのまま受け入れることと繰り返しお話ししてきました。

そうは言っても、どんな意見でも「そうですね」と同意するわけにはいかないんじゃないの？ そんな反論が聞こえてきそうです。

「対話」の場では誰もが「こんなことを言ってはいけないんじゃないか」という呪縛から解放され、自分の思いを言葉にすることができればいいのであって、そういった各自の発言、態度の自由を互いに許容することと、その発言の内容に同意することは全然違います。逆に言うと、誰も自分の意見に同意してくれないからといってその発言を控える必要はないということでもあります。

なんとなくその場の皆がもとめていそうな話題、論調に寄せていくというのは日常生活でよくあります。例えば、既婚者が集まって話す雑談に配偶者の愚痴があります。誰かがその話題を話すと「そうそう」「うちもねー」と同調して話をかぶせ、盛り上がるというのはよくあることです。しかし、配偶者の愚痴ばかり言っているなかで、ひとりだけ「うちは仲いいよ。何の不満もないし」などというこれまでの論調と真逆の意見って、言いにくくなることありませんか。

ある意見への同調は、知らず知らずのうちにその意見に同調せよとの圧力を生み、その場の雰囲気から異質な見解、意見を持ち込むことが難しくなることがあります。その場の空気にあわせて自分を律することが窮屈に感じるのであれば、そこは自由な「対話」の場ではありません。「対話」の場で、ある意見が多数を占める場合には、そのなかで少数派の居心地が悪くなっていないか目を配るよう心がけましょう。

❖意見が違っても「対話」はできる

誰もが自由な立場で話すことが許される「対話」の場でも、時には意見の衝突が起こります。「〇〇のことが好き」「〇〇には賛成しかねる」などの価値判断を伴う意見の場合、当然すべての人が同じ意見ではないので、意見の異なる人が別の主張をすることで場の空気が乱れることもあります。

大事なのは、そこでどちらが正しいかを突き詰めないこと。そして、感情的にならないことです。「対話」の場で誰かが意見の相違で少しぎくしゃくしたときには、助け舟を出したり話題を変えて水を差したりすることも「対話」の場づくりでは大事なことです。

ただ一点、私がこだわりたいのはお互いに「対話」のマナーを守ること。世のなかいろいろな人がいますから、いろいろな立場、視点、意見があっていい。しかし「対話」が成立しなくなるような一方的な主張の押しつけ、他人の意見の否定などの言動を容認しては、ほかの人が「対話」を楽しめなくなります。

人は自分と違うということを当たり前のこととして受け止める。多様性を基本に据えてそこにいるすべての人がその場にいることを許された適任者であるとの意識を持つことが「対話」の場にいるために必要な最低限度のマナーです。
「対話」の場でもとめられる、相手方への許容ができないということは相手の人格を否定すること。互いの人格を尊重し互いを認めあう「対話」の場のマナーと真っ向から対立するものです。そんな非常識な方には、残念ながら「対話」の場からご退場いただくしかありません。

相手を許容することは同意することではありません。人は自分と違うということを当たり前のこととして受け止め、そこにいるすべての人がその場にいることを許された適任者であるとの意識を持ちましょう。

10　「対話」は手段か目的か

❖手段としての「対話」

職場内や職場間、あるいは組織間、社会全体での情報共有、意思疎通、相互理解が不足しているのでこれを解決する手段として「対話」が必要だ、とよく言われます。しかしちょっと意地悪な言い方ですが、「対話」はそもそも何らかの問題を解決する手段なのでしょうか。

実際に情報共有や相互理解の不足を当事者が課題と感じ、解決したいという意思がある場合にはその手段として「対話」が必要だということになるのでしょうが、当事者にその課題認識がない場合、本人たちにその気がないのですから「対話」が問題解決の手段として採用されるはずがありません。「対話」による情報共有、意思疎通、相互理解がなければ、職場のチームワークが保てず、あるいは関係者の協力をえにくく、仕事が進みにくいはず。だから積極的に「対話」を推進しなければならない、という三段論法も問題です。仕事が進まない理由を当事者がどうとらえるかはさまざまで、『対話』なんてまどろっこしいので、自分ひとりで頑張るしかない」「意見の相違は力でねじ伏せればよい」などと考え、「対話」以外の手法に頼る人も当然いるでしょう。

❖役に立つから価値があるのか

このような局面で、こうした問題を解決するための手段としての「対話」を論じることはあまり意味がありません。

再三述べているように、「対話」の重要な構成要素は「開く」と「許す」。

それぞれ、「対話」の場に臨む当事者の内面に深くかかわり、なかでも特に「許す」ことは、「相手の属性に基づく先入観を排除し公平平等に扱うこと」と「自らの固定観念、常識、先入観をいったん脇におくこと」、つまり人として人とどう向きあうかという倫理観の問題です。より効率的、効果的に目的を達成する手段として役に立つかどうかという尺度で論じる筋合いのものではないのです。

「人を殺してはいけない」「嘘をついてはいけない」「差別をしてはいけない」。世のなかにはさまざまな倫理観がありますが、倫理観はそれが何かの役に立つからという功利主義に基づく価値判断ではなく、また功利主義に優先するというのが一般的です。

しかし、仕事を進めるうえでの功利性の追求は時折、私たちの倫理観と相反してしまいます。例えば、仕事のためなら人を殺してもいいとは言わないまでも、普段の仕事のなかでふと、仕事のためなら多少の嘘をついてもいいという考えが頭をよぎる。功利主義が倫理観に勝る悪魔のささやきです。

❖役に立つから「対話」するのではない

私たちは効率性や成果が優先される「仕事のため」という言葉の呪縛によって、人として当然にとるべき他人への態度、マナー、作法をおざなりにしてしまうことがあります。「対話」についても同じで、仕事を進めるための手段としてとらえる以上、必ず「それは役に立つのか」「もっと役に立つ方法があるのならこだわらなくてもでいいのではないか」という功利主義の壁にぶつかってしまいます。

しかし、「対話」が大して役に立たなければ、相手の属性に基づく先入観でもって不平等な取り扱いをして構わないのでしょうか。

「対話」によってえられるものが不確実であれば、自らの固定観念、常識、先入観で相手の主張を聴く価値がないと切り捨てていいのでしょうか。

そんなことはないはずです。

「対話」は本来、互いの人格に優劣がないものと認めあい、その意見、主張にも優劣がないという前提で先入観を持たずに拝聴しあう、人として当然に行うべき倫理的なふるまいです。何かの役に立つかどうかで「対話」の必要性や有用性を判断すべきものではなく、役に立たないから、忙しいから、実りがなさそうだからと言って、敬愛の念を持って相手を受容することを怠ることはそもそも人として許されないのです。

❖あなたは「対話」できていますか

「対話」ができているという錯覚も、同じように人間尊重の視点から確認したほうがいいでしょう。

相手をひとりの人間として、自分と対等な人格としてとらえ、それぞれと平等に接することができていますか。

相手に対し、「年下（年上）だから」「女性（男性）だから」などという理由でそれぞれ差をつけた取り扱いをしていませんか。

相手に、自らの固定観念、常識、先入観への同調を押しつけていませんか。

そのことが、相手の心理的安全性を損なうようなことになっていませんか。

「対話」は何かを実現する手段ではなく「人を人として互いに尊重し、認めあう」という、人として持つべき倫理観の具体化であるというのが私の結論です。

あなたは、周囲の人をひとりの人間として尊重し、認めることができていますか。

あなたは、周囲の人からひとりの人間として尊重され、認められていますか。

互いに尊重し、認めあうことができていないとしたら、その理由はなんですか。

どうすれば互いに尊重し、認めあうことができるようになるでしょうか。

それができるようになった結果、互いに交わす言葉が「対話」へと昇華するのです。

「対話」は本来、互いの人格や意見に優劣がないものと認めあい、先入観を持たずに拝聴しあうこと。役に立つからするのではなく、互いをひとりの人間として認めあうことで、互いに交わす言葉が「対話」になるのです。

11―快楽のツボを知れ

❖「対話」ってそんなに難しいの？

「対話」の効能や場づくりの秘訣、果てはその「手段としての対話」の限界まで、「対話」のあり方について語りに語り尽くしてきましたが、何だか難しい話になってきましたね。

ここまで読んでみて「結局どうしたらいいの」ともやもやを抱えてしまった皆さんにお尋ねします。皆さんはどうして「対話」にこだわっているのでしょうか。どうして「対話」という少し面倒で手のかかる方法をとりたいのでしょうか。

「対話」という手法が何かを解決してくれるから？　確かに「対話」によって何か今までと違うアプ

ローチになることもありますが、手間もかかるし「対話」だけが成果を出す唯一無二の手法ではありません。かと言って、基本的人権の尊重という人類普遍の真理に基づいて、だから「対話」しなければならないとこぶしを振り上げることも面倒な話です。

皆さんはこの本を手にしたとき、「対話」という言葉にどんな興味を持っていましたか？　きっと「なんか楽しそう」と思い、その楽しさを自分でも味わってみたい、ほかの人にも味わってほしい、そう思ってこの本を手にとったのではないでしょうか。

❖居心地のよさを実現するために

「対話」は心地よいものです。「対話」の場ではすべての存在が許容されます。

誰がそこにいても構いません。誰もが互いの偏見や先入観から解放された自由で気軽な場所。どのような立場であってもどのような意見を持っていても特別扱いされません。話したくなければ話さなくていいし、そこにいるだけでもいい。自分がその場にいることがその場にいる誰からも許されている状態。この心理的安全性が対話の場の居心地のよさのすべてです。

この居心地のよさこそが「対話」の本質、最大の魅力。私はこの魅力に取り憑かれて「対話」を続けていますし、その楽しさを皆さんにも味わってほしくてその効能や秘訣を皆さんに披露しています。

ただし、その居心地のよさをつくるのは、その場のオーナーではなくその場にいる自分自身。自分が心地よく過ごすためには、そこにいる他者の心地よさをつくることができなければいけません。そのためには、単に自分を解放するだけでなく、他者への配慮も必要になりますし、そもそもなぜその場所がそんなに心地よいのかを知り、その心地よさを維持するためにその場にいる自分がどうふるまわなければいけないかを考えられる自分でなければならない。さらには、そのことをすべての参加者が理解し、そう行動できなければ期待どおりの居心地のよさは実現しないのです。

このように考えを進めていくと「対話」の場の居心地のよさを実現するには、少々手間のかかる面倒な手順や環境づくりが必要になります。たとえ皆さんが「対話」の場づくりを実践してみたとしても、そこでの居心地のよさについては考えたとおりにうまくいくかどうかもわかりません。

そうして正解のない迷い道をくねくね行くうちに壁にぶち当たり、悩み疲れ果て、『対話』ってこんなに面倒なの？」「結局どうしたらいいの？」ともやもやしたときには振り返ってほしいのです。自分は「対話」の何に魅せられているのか、を。

❖楽しくなければ続かない

何かを継続的に取り組む動機は人それぞれですが、その継続は必ず「続けることが気持ちいい」という感覚に支えられています。例えばスポーツをする習慣でいえば、同じ時間に同じことを習慣化することが気持ちいい人、データを記録していくことが気持ちいい人、体重減少や筋力アップ、タイム向上など成果が目に見えることが気持ちいい人、他人から「いいね！」とほめられることが気持ちいい人、と快楽のツボはさまざまです。

自分にとって気持ちいいことが何なのかを知れば、そのツボをうまく押す工夫を仕組みとして取り込むことで、面倒なことにも前向きに取り組めます。楽しくなければ、快楽のツボを押さなければモチベーションはわきません。どんなに健康によいと言われるエクササイズでも、どんなに頭がよくなるサプリメントでも、頭で理解しただけでは新たにはじめてみようとは思いませんし、嫌々では長く続くはずがありません。はじめる力、続ける力の源泉は楽しさ、心地よさ、快楽のツボを押すことなのです。

とすれば、どうやって「対話」をはじめるか、どうやってそれを続けるか、広げるかという悩みにも光明が差してきます。結局のところ、効能やそもそものあるべき論をぶつまでもなく、理屈抜きで「対話」が楽しい、「対話」の場の居心地がいいという経験をどれだけ共有できるか、「対話」に参加した人の快楽のツボを押すことができるか、にかかっているのです。

そのためにもまずは自分自身が「対話」の楽しさに触れ、その居心地のよさに魅了され、この快楽を誰かに伝えたい、と思うことが第一。自分の快楽のツボを押して感じる「楽しい」という気持ちが高まれば、少々面倒くさい「対話」の場づくりを続けていく自分自身の動機づけになりますし、楽しいことを誰かに伝えたいという気持ちが強くなればそれは必ず誰かの快楽のツボを押し、自然と伝播していきます。

小難しく考えることはありません。「対話」ってそんなものですよ。

> まずは自分自身が「対話」の楽しさに触れ、その居心地のよさに魅了され、この快楽を誰かに伝えたい、と思うこと。「対話」の場の居心地がいいという経験を共有し、「対話」に参加した人の快楽のツボを押していきましょう。

対話こぼれ話 2 SNSがつないだ“友達”の輪

私が「対話」に魅了されてオフサイトミーティングをはじめ、市役所の内外に交流の輪を広げていく過程で、SNSの果たした役割は絶大です。

SNSは個人的な楽しみとしてはじめたものですが、Facebookのように実名で情報を発信し、他人と交流する以上、市職員である自分を捨て去ることはできません。私の場合は財政課長として行財政改革を推進する趣旨を多くの職員に理解してもらう必要があったことから、当時、Facebookのなかで市職員限定グループとして開設されていた「行政改革の話」を中心に、仕事に関する投稿が増えていきました。

同時期にいわゆる「禁酒令」を契機にオフサイトミーティングをはじめ、組織内の対話やコミュニケーションについて考えるうちに、私自身のSNS上の“友達”を増やし、SNSも活用した「対話」によって交流を深めていこうと考え、仕事以外の投稿も増やしていきました。

投稿に際しては、せっかくSNSを通じて他の部局の職員や普段出会えない遠方の方とも意見交換、交流ができるのであれば、SNSの世界でも実際に直接お会いするときと同様に生身の自分を感じてもらい、市職員としての自分もプライベートな自分も理解してもらいたいと考え、世間で普段見せている素の自分をありのままさらし、自分の敷居を低くすることを心掛けました。

また、SNSで他人の立場や意見をどう尊重するかという工夫を通じて、不特定多数の人たちと「対話」の場に臨むスキルを身につけることができ、その甲斐あって市役所の内外の垣根を越え、公私の別なく交流の輪が広がりました。

SNSがなければこれだけの人に自分を知ってもらうことも、相互に交流することもできなかったし、自治体職員向けの「対話」の本の出版という形でこうして皆さんにお会いすることなど、夢想もできないことでした。

しかし、一番の恩恵はありのままの自分を積極的に開示し、不特定多数の方々と気後れすることなく「対話」できる修行の場を与えてくれたこと。この修行がオフサイトミーティングで体得した「対話」のスキルを鍛え上げてくれたと思っています。

第4章 「対話」の鍵を握るのは

1 対立を「対話」で乗り越える

❖「対話」だけでは解決しない

ここまで、私の体験やそこから導くことができる「対話」の魅力とその場づくりの秘訣のようなものをお話ししてきましたが、「対話」はそこまで万能なのか、コミュニケーションに関するすべての問題を片づけてくれる魔法の杖なのか、と首をかしげている方もおられることでしょう。

お見込みのとおりです。世のなかそんなに甘くはありません。これまで紹介してきたいずれの例でもわかるとおり、「対話」から生まれるのは豊かなアイデアの発散であったり、さまざまな知識経験の共有による集合知の形成だったり、あるいは互いの思いを打ち明けあうことによる心の距離の接近だったり。いずれにせよ「何かを決める」ことができる道具ではありません。

「対話」でいくらアイデアがわき起ころうとも、膨大な量の知見が集約されて文殊の知恵となろうとも、長年心を閉ざしていたふたりの仲が氷解しようとも、その先にあるのは決めるための「議論」。対立した意見を評価し、調整し、決定していくには「対話」の先にあるプロセスに進む必要があるのです。

❖対立の構造と「対話」

私たち自治体職員は、仕事のうえでよく議論を重ねて結論を導くことを強いられます。議論の本質は選択です。いくつかの選択肢のなかから何らかの理屈を組み立てて一つを選ぶ。何かを選ぶために何かを捨てなければならないときに、それを選ぶ理由、選ばない理由を考え、その優位性を比較し、一つの案に絞り込み決定する。これが一般的な議論の構造です。

しかし議論は多くの場合、対立を生みます。あちらを選べばこちらから反対の声が上がり、こちらを選べば選ばれなかった選択肢の代替をもとめる声が聞こえてくる。どれを選んでも完全な正解はなく、多数決で決めたとしても納得がいかない者は不平不満を残し、あるいは徹底抗戦の構えを組むことさえも。対立に陥れば、いずれを選択しても、中庸で妥協しても、結果に全員が満足することはありません。

私たち自治体職員は仕事のうえで、対立する両者を合意に導くことや、その対立が起こらないように事前に調整することがもとめられる局面にしばしば立たされます。そんな時、「対話」はどんなふうに役に立つのでしょうか。

❖ＳＩＭＵＬＡＴＩＯＮ２０３０からわかること

私が「財政出前講座」で参加者の皆さんに体験していただいている対話型自治体経営シミュレーションゲーム「ＳＩＭＵＬＡＴＩＯＮ２０３０」は、６人１組の参加者が仮想自治体の幹部職員となって、限られた時間のなかで政策選択を行うロールプレイング（役割を演じる）ゲームです。

このゲームでは、時間の経過とともに仮想自治体に新たな政策課題がわき起こります。これに対応する財源を生み出すために、あらかじめ６人に配られたカードに示された施策事業を取捨選択し、既存の施策事業をやめることと新たな政策を実施することのトレードオフを繰り返しながらまちづくりを進めていきます。

その選択は6人の話しあいによって行われますが、6人はそれぞれ自治体の運営において異なる政策責任者の役割を与えられており、取り組むべき政策課題についても意見が異なります。その決断を多数決やメンバーの誰かに一任することはゲームのルール上許されておらず、異なる意見の「対立」を乗り越え、6人の「対話」と議論によって合意を導くというのがこのゲームの筋立てです。

このゲームでわかることを例に、議論の前におかれる「対話」が果たす役割についてお話しします。

「対話」は何かを決める道具ではありませんが、何かを決める「議論」の前に「対話」をおくのは、「対話」のない議論では良質な結論を導けないからです。議論の前におかれた「対話」には果たすべき役割があります。

2 情報共有なき「対話」

❖違うものを見ている

議論の前におかれた「対話」が果たす役割の一つ目は「情報の共有」です。「対話」は、互いの心理的距離を縮め、ざっくばらんに意見を交わすことで、情報を交換し共有できる関係を構築するのに役に立ちます。しかし心理的距離が近づいたからといって同じ意見になるわけではありません。大事なのはそこでどんな情報を共有するかです。

ＳＩＭＵＬＡＴＩＯＮ２０３０では、ゲーム開始時にその仮想自治体が現在取り組んでいる施策事業の記載された数枚のカードが、それぞれの政策責任者の役割を与えられたメンバーに配られます。ゲームのシナリオで示される新たな政策課題に対応して財源を生み出すためには、この施策事業のなかからどれかをやめなければならないのです。

その選択を６人の話しあいで決めていくのですが、ゲームを開始すると不思議な現象が起こります。６人のメンバーが自分のカードをほかのメンバーに見せあうグループと、トランプのババ抜きかポーカーでもしているかのように各自が自分のカードだけを眺めるグループに分かれるのです。

６人全員で話しあって、６人の持っているカードのなかからやめる事業を選ぶのに、持っているカードを見せあわないでどうやって議論するのでしょうか。しばらく観察していると、自分のカードだけを眺めているグループでは６人全員の持つカードの全体像がつかめず、どのカードが自分たちにとって優先順位が高いか判定しようがないことに気づき、そこで初めて互いにカードを見せあい、自分しか持っていない情報を互いに開示するようになるのです。

❖見えないのか見ないのか

全体像を把握することの必要性に、なぜみんな最初から気づかないのでしょうか。これは私たちが物事を議論し判断するときも同じ過ちを犯しがちです。

議論や判断をするときにたいていの人は自分が持っている情報を根拠にしますが、その際に他人の持つ情報に関心を向けることができないことがあります。これは他人も自分と同じ情報を持っていて同じ判断をすると錯覚している場合と、他人と自分が違う情報を持っている場合でも自分は自分の情報だけで判断してよいと思っている場合の二つに分かれます。いずれにせよこれでは議論にならず、結論が出るはずがありません。

議論の前の「対話」にもとめられるのは、自分とは違う視点を持ち、違う事実を知っている他人の存在を認識すること。そして他人の持つ情報によって自分の判断の基準となる知識や価値観が変化しうることに気づく、そのための情報の交換や共有です。

「対話」の場ではすべての人が適任者。自分と違う他人がいることを前提とし、その言葉に耳を傾け、ありのまま向きあうことができるのが「対話」です。その行為こそが、議論の前に必要な、他者との違いに気づきその違いを受け入れる「情報の共有」の姿なのです。

議論に必要な情報共有を補う「対話」。自分と違う他人がいることを前提とし、その言葉に耳を傾け、ありのまま向きあうその行為こそが、議論の前に必要な、他者との違いに気づきその違いを受け入れる情報共有の姿なのです。

３──立場の鎧を脱ぐ

❖あえて他人を見ない人たち

他人が自分と同じだと錯覚している場合は、少し議論すればそれが自分の思いこみだったことに気づきます。しかし、他人と自分が違う情報を持っている場合でも自分は自分の情報だけで判断してよいと思っている人たちは厄介です。

彼らはよく立場へのこだわりを口にします。出身母体や自分の属性、これまで持っていた価値観などから自分の立ち位置をあらかじめ定め、そこから見えることだけで議論したがります。そういう人たちの多くは、組織、職責などの立場の鎧を身にまとい、自分の属する組織の利益にならないことには組織への離反になるからといって賛同しません。すでに職場、組織で確立した立場の論理を矛に盾にと使い分け、自らの身を守ります。

彼らは立場の鎧を脱いで裸の姿をさらけ出すことを恐れ、その鎧で守られた生身の身体に触れられぬよう、あえて立場にこだわり、その立場を越えることのない安全な距離を保とうとします。時には他人の意見に耳を貸さず、自分の意見にも口を挟ませないという態度に出てしまう彼らに、立場の鎧を脱いでもらうことは一筋縄ではいきません。

❖立場を越えると見えるものがある

「情報の共有」を阻害する立場の鎧。しかしSIMULATION2030では「対話」のなかでこの鎧を脱がせ「立場の共有」に至ることが可能です。

6人のメンバーにはあらかじめ福祉や経済、まちづくりなどの政策ごとの責任者の役割が与えられているため、政策選択を話しあう際には自分が担当する施策事業の削減には反対の立場をとることになります。しかし全員が自分の領域を減らすことに抵抗すれば、結論が出せずゲームオーバーになってしまいます。

そこで、自分の与えられた政策責任者の立場をいったん離れ、ほかのメンバーの視点に立つ者が現れます。だんだんと自分の立場、役割にこだわることを忘れ、一段高い視点である首長の立場から全体を俯瞰する現象が起こりはじめます。

そして自分の与えられた領域の垣根を越え、他者の立場、全体を俯瞰する立場からの判断ができるようになったとき、6人全員で合意できる案が見えてきて一気にゲームは動き出します。時間が経つにつれて6人の意識が変化し、担当領域の境界線がわからなくなっていくのは見ていて爽快です。

私はゲームが終わってから尋ねます。

「今日、最後まで自分の与えられた役割を果たし通せた人はいますか?」

この問いかけに参加者からの苦笑いが返ってくる瞬間が、私にとって最高のひとときです。みんなが最後まで自分の役割にこだわることができずに立場の鎧を脱ぎ、与えられた役割を踏み越えることの解放感を感じたことがわかるからなのです。

鎧を脱ぐことの必然性

これはゲームだからうまくいくわけで、実際の議論の場で「立場を越えて」話すということはかなりの困難を伴います。むしろ実際の議論の場では、自分が背負っている立場に従って賛否を述べるのが当然という人が多く、その場合、それぞれの立場からの意見を述べあい、それぞれを尊重し調整したうえで結論を出すのにはずいぶん時間と労力がかかります。場合によっては自分の立場に固執して他者を許容しない態度をとったり、自分と意見が異なる者を批判し攻撃したりすることで、感情的なしこりが残ることや、結論に至らないというようなことも起こりえます。

自分の立場を主張しなければ自分に不利な結論が出てしまう可能性があると考えて、自分の立場を変えない人もいます。言いたいことを主張したあとは多数決か何かで決めればいいという人もいるでしょう。ゲームではルールとして多数決を禁止する制約条件を与えただけで立場を越えることができるのに、実際の議論ではそうなりません。それは、「対話」の場に欠かせない「心理的安全性」が確保されていないことはもちろんですが、そもそも多くの人が立場の鎧を脱ぐ必然性を感じていないのです。

立場を越えた合意を目指す意味

では、なぜゲームではみんな立場を越えて互いの立場を共有できたのでしょうか。実はこの現象は、それぞれのメンバーが意識的に立場を越えようとして起こったわけではありません。多数決を禁じ、全員が合意する結論を制限時間内で導くというルールを守るためには、立場に固執していられなくなり、最終的には立場が邪魔になったのです。

では、実際の議論で、全員が合意する結論に至らなければならないという制約が課せられるのはどんな場合でしょうか。例えば、大事なこと、みんなで力をあわせて取り組まなければいけないこと、結論の効果が長く続き後々不平不満が出てくると困ることは、なるべく全員が納得し、その結論に潔く従うことができるよう結論を導くのが望ましいでしょう。

結局は、自分たちの議論が導く結論がそのような性質のものであってほしいと自覚できた場合にこそ、それぞれの立場を越え、互いの立場を共有し合うというプロセスが必要だと気づき、情報を共有しようという意欲がわいてくる。「情報の共有」にせよ「立場の共有」にせよ、その前段としてどのような性質の結論であるべきかというゴールイメージこそが、議論の前の「対話」で最初に語られ、意識づけられ、共有されなければならない。そんな「対話」の場づくりがもとめられるということなのです。

良質な結論を導くのに必要なのはそれぞれの役割から離れて全体を俯瞰する「立場の共有」。全員が納得する結論をもとめようとしたときに、互いの立場を共有しあい、立場を越えて情報を共有しようという意欲がわいてきます。

４―「対話」の場をつくりたい

❖ゲームだからできること

議論の前に「対話」をおきましょうと言いましたが、ゲームでできている「情報の共有」にせよ「立場の共有」にせよ、実際に私たち自治体職員が仕事で直面する課題解決の場面においては、そこに参加する人にその気がなければ「対話」そのものが成立するはずもありません。では参加者をその気にさせる「対話」の場を用意するにはどのような準備が必要でしょうか。

私はＳＩＭＵＬＡＴＩＯＮ２０３０のおかげで「対話」による「情報の共有」と「立場の共有」によって全員の納得を導く体験をしてもらい、「対立を『対話』で乗り越える」ことができると説いています。誰でもこの成功体験でその快感を味わうことができれば、きっと食わず嫌いをやめてもらえるはずです。

しかし現実的に考えれば、議論の前に「対話」をおくには、解決すべき課題に対する当事者の目的意識を高め、「この問題を解決するために自分の時間や労力を費やさなければならない」と当事者たち本人が考える動機づけが必要ですし、そのうえで「対話」の何たるかをあらかじめ知っていて、その場に自ら赴くよう仕向けなければなりません。ゲームであれば楽しそうだからと言って誘うこともできますが、実際にはなかなか難しそうです。

❖私を「財政出前講座」に駆り立てたもの

第1章で紹介した、私の経験を振り返ってみましょう。

私自身も財政課に係長として在籍した当時、現場と財政課との対立構造に悩まされ、情報共有、相互理解、互いを信頼しあう関係性がないことに絶望感を味わっていました。

5年経って課長として舞い戻ってきたあと、徐々に現場と財政課の「対話」的関係が構築されていったわけですが、振り返ってみると最初から、議論の前に「対話」をおく、だとか、「対話」によって「情報の共有」と「立場の共有」が実現できる、だとか、能書きを垂れていたわけではありません。

厳しい財政状況を職員一人ひとりが理解し、財政健全化を自分ごととして考え、自律的に行動してほしいという気持ちだけで、ある意味衝動的に動いていたことを思い出します。財政課長自らが立場の鎧を脱いで各職場に出向くという前例のない行動に私を駆り立てたのは、私ひとりでこの状況を変えられるはずがないという無力感と、それでもこの状況を何とかしなければいけないという責任感だけだったのです。

❖知ってほしい、考えてほしいという思い

ＳＩＭＵＬＡＴＩＯＮ２０３０だって、面白そうだからやってみたいという単純な理由で全国に広まっているわけではありません。

もともと熊本県庁職員有志の手で開発されたこのゲームの基本コンセプトは、「既に起こっている未来を知る」ことでした。少子高齢化により人口減少社会に突入し、納税者が減り税収が減る一方で、社

会保障費や老朽化する公共施設の維持管理経費等の財政負担が増えていくというのは「既に起こっている未来」です。このまま時間が経てば必ず収入と支出のバランスが崩れ、財政の制約によりやらなければいけないこと、やりたいことができなくなる。たった10年ほど先にその厳しさが待っているという現状を私たち自治体職員が仮想体験し、「既に起こっている未来」に備えられる人材になろう、というのがこのゲームが考案されたいきさつです。

ＳＩＭＵＬＡＴＩＯＮ２０３０は、この基本コンセプトを理解し、ゲームが提起する課題意識に共感し、自分もそこから何かを学習し、会得しようと考える人が、意欲を持って参加しています。もちろんゲームとしての娯楽性はありますが、娯楽のみで人を引きつけているのではなく、その奥底には「この社会課題のことをわかってほしい」というゲーム製作者の意図が流れています。

「対話」の場も同じこと。知ってほしい、考えてほしい、と強く思う人がいなければ、その場が開かれることはありません。私たち自治体職員が職場で、仕事で抱える対立を解く「対話」の場を設けるための鍵は、私たち自身がその対立を解決したいと願い、そのために当事者が知ってほしいこと、わかってほしいことについて、どれだけそう強く願うかということにかかっているのです。

議論の前に「対話」をおくには、当事者の目的意識を高め、当事者たち本人が考えようとする動機づけが必要です。そのための「対話」の場を設ける鍵は、私たち自身がその課題を解決したいとどれだけ強く願うかにかかっています。

5　議論の前に「対話」をおく意味

◆「対話」は結論に至らない

議論の前に「対話」をおく際に、議論が導く結論をよりよいものにするためにもう一つだけ留意したいことがあります。それは「対話」の段階での「ビジョンの共有」です。

「対話」は互いの自由な意思を尊重し、相手の立場や意見を尊重することを前提に、自分の主張を忌憚なく語ることができるものですから、互いの意見が違う場合にどちらかに見解を統一する必要はありません。しかし、議論の前に「対話」をおく場合に先ほど述べた「情報の共有」「立場の共有」に加え、後に続く議論の土台となる「ビジョンの共有」をしておかないと、そのあとの議論がちぐはぐになってしまい、よい結論がえられにくいのです。

これも、ＳＩＭＵＬＡＴＩＯＮ２０３０で起こることから読み解いていきましょう。

仮想自治体に起こる複数の政策課題への対応として、既存施策事業の廃止や新規施策事業の実施などを時系列で判断し、いくつか政策選択をしたところでゲームは終了し、振り返りの時間が設けられます。振り返りで、自分たちが判断を重ねてきた政策選択の結果、どのようなまちになっているのかを俯瞰的に眺め、まちの姿を評価するのですが、参加者は皆、立場を越えてこれまで尽くしてきた良質な議論に満足し「いいまちになった」と自画自賛します。しかし私は彼らに投げかけます。

「それは最初から目指していたまちの姿ですか？」。

ビジョンなき「対話」

限られた時間のなかで判断を繰り返すことで、どのカードを捨てるかという点に注意を奪われ、何を残すか、どんなまちにしたいかという将来のビジョンに関する合意形成がおざなりになっていなかったか。このことに気づいてもらうために、いつも私はこう問いかけています。

議論は、目の前の課題解決のために近視眼的になりがちです。しかし、議論の主題が「どうするか」という手法選択の場合には、そもそも「どんな未来を実現したいか」というビジョンが必要になることが多く、その共有がないままに議論をはじめ手法を選択することは、その手法の適切性や効果について疑問を残します。議論の質を高め、実効性のある結論へと導くにはどのような将来像を描くか、そのビジョンの共有が不可欠なのです。

これは議論の前におく「対話」の出口にあたります。ざっくばらんな「対話」から互いに打ち解け、さまざまな情報を提供しあい、共有するなかで、立場を越え、共通の視座から話題となるべき特定のテーマを俯瞰する。そこで「どうありたいか」「どうあるべきか」という未来の姿をゴールとして共有できれば、あとは実現に向けた手順の問題です。議論はスムーズに進み、ありたい姿にたどり着くための処方箋が手に入るというわけなのです。

「対話」によるビジョンの共有

ここで言う「ビジョンの共有」とは、どちらかといえば「共有」そのものではなく「共有できるところを探す」といった程度の意味合いです。

議論では、相違点を明らかにしてその優劣を論じることが中心となりますが、「対話」では相手の立場、意見をいったんありのまま受け止め、共感できる部分に共感するという過程があります。ここで相手と自分の違いを探すのではなく、相手の人格を尊重しながら、自分とどの部分が同じなのか、自分が何に共感できるのかを探し、お互いどの視点からであれば同じ方向を向けるのかを見つけることに「対話」を使ってほしいのです。

あるテーマについて議論する場合に、まったく共感が見出せないということはよほどの場合を除いてありえないでしょう。地域づくりを考える場では、個別具体の方法論では意見の相違があったとしても、地域をよくしたいという気持ちはお互いに変わりがないはずで、「対話」を通じてその「よくしたい」という気持ちを掘り下げて構成要素を因数分解し、最大公約数を見つけることが「対話」による「ビジョンの共有」です。

これは「対話」をすれば必ずえられるというものではなく、その場づくりにおいて、このような過程を経てこういう果実をえたいという意図を持った設計と運営がなければ難しく、そういう意味で場づくりを行う側の力量にかかっています。

「対話」による情報共有と立場を越えた視座からの俯瞰により「どうありたいか」「どうあるべきか」を共有しましょう。その過程で互いに共通する思いを掘り下げて最大公約数を見つけることが、「対話」による「ビジョンの共有」です。

６―「対話」の鍵を握るのは

❖理想と現実のギャップを埋める

議論の前に「対話」をおくといったプロセスは、個人と個人のコミュニケーションとしてはわかるものの、自治体と住民との関係性においてはどうすればよいのでしょうか。確かに住民との対話といっても、何千何万もいる住民の一人ひとりと自治体が直接「対話」をするということ自体は不可能なので、個人同士の「対話」の要素をきちんと取り入れたコミュニケーションをいかにとるか、という話になります。


「対話」の成立に必要となる重要な構成要素は「開く」と「許す」です。

「開く」は自分の持っている情報や内心を開示すること。

「許す」は相手の立場、見解をありのままに受け入れること。

いずれも、自分ひとりがそうするのではなく、その場にいるすべての人が互いにそうするということですので、相手方との信頼関係に基づく「心理的安全性」が担保されていなければいけません。

また、「対話」は議論の前におかれるものであって議論そのものではない、という前提も共通の理解としておかなければいけません。しかし、「対話」に慣れていない人にとっては、いずれの前提も高いハードルになり、その場への参加意欲を持たない、あるいは参加しても「対話」にならない、ということになってしまいます。この理想と現実のギャップを埋める鍵が私たち自治体職員なのです。

❖自治体職員が果たすべき役割とは

自治体は、異なる立場、意見を持つ住民の利害を調整し、最適な案をとりまとめ、それを政策として実施する責任を負っていますが、その意思決定のプロセスそのものを設計し、実行する権限を持っているのは職員です。現状を把握する、案をつくる、関係者の意見を聴取し調整する、議論をまとめ意思決定する。それぞれの段階で、どのようなメンバーでどのような対話や議論を行うかを設計することはもちろん、それぞれの場そのものの運営、コーディネートやファシリテーションを担うこともできます。

この意思決定のプロセスやそれぞれの場づくりは、決めるべき事案の重要性や緊急性、その事案に対して市民が持つ意見の幅の大小によって個別具体的に設計することが必要です。また、十分に「対話」し、議論することができた、と市民が感じられる場とするためには、「対話」の重要性はもちろん、どうすれば「対話」がうまくいくかというノウハウも職員自身が知っておく必要があります。

議論と「対話」の違いがわからない人、議論の前に「対話」をおく意味を理解しない人に、その場の意義を理解してもらい、意欲を持って参加してもらう。「対話」の場での基本的なマナーやルールを守ってもらい、忌憚なく語りあうなかで立場を越えた情報共有を実現する。そんな「対話」の場をつくるのは、その場の必要性を一番感じ、その場でえられる体験や成果を当事者にきちんと届けたいと願う、私たち自治体職員の強い思いと、それを実現するに足る「対話」の技量が必要になるというわけです。

❖「対話」は議論の手段ではない

「対話」を通じて「情報の共有」と「立場の共有」を行うことで議論の前提となる共通の情報と共通

の視点を持つこと。「ビジョンの共有」を行うことで「対話」から議論に移った際の最終的な到達点のイメージを共有すること。これらを通じて、これから何のために議論を尽くすのかを当事者たちが同じように理解する土台を作ることができる。これが議論の前に「対話」をおく意味でした。

では「対話」は議論を円滑に進めるための手段なのでしょうか。第3章では「対話」は手段ではないともお話ししました。「対話」は本来、互いの人格、意見、主張に優劣がないと認めあい、先入観を持たずに拝聴しあう、人として当然に行うべきふるまいです。しかし実は、「対話」だけでなく議論も、議論の末にえた結論に従って社会で共同生活を行うことそのものも、本来はそうあるべきです。

ところが皆さんも経験があると思いますが、人は意見が対立すると互いの意見や主張の優劣を論じるあまり、互いの人格を尊重しあうことが難しくなる場合があります。このような状態が発生すること、またそのような対立のなかで十分な納得がえられない結論が出ることは不幸なことです。

そのような状態を回避し、市民の一人ひとりが尊重され、自らの意見を自由に表明できること、他者との関係性のなかで誰もが一人の人間として尊重されることは、政策の立案や実施において利害調整を行う自治体が当然に配慮すべきことであり、それを実現するのは私たち自治体職員の責務なのです。

市民が「対話」の意義を理解し、多様な意見を持つ市民一人ひとりが尊重され、語りあうことができることは、自治体が当然に配慮すべきことであり、それを実現する「対話」の場をつくるのは私たち自治体職員の責務です。

7 自治体がつくる「対話」の場

❖「対話」ができない人、したくない人

これまで見てきたように「対話」というのは奥が深く、誰でも今すぐにできるものではないという印象です。一度「対話」の場を体験してもらえばそのよさがわかり、そこでの心理的安全性を感じてもらいながら、ルールやマナーを身につけることが可能なはず。しかしながら、まずその場に足を踏み入れる動機づけが不足しているのが現状です。

「対話」の場へ足が向かない市民の多くは「対話」の魅力を知らず興味・関心がない、あるいは関心があっても難しそうだと感じ、誰かに手ほどきを受けなければ自分は「対話」ができないと思って敬遠しています。「対話」の場と言いつつ巧妙に議論の場に押し込まれ、否応なく自分の主張を曲げなければいけなくなることを恐れ、誰かと対峙する場そのものを避けているということも考えられます。

一度来てみれば、体験してみればそのよさがわかる「対話」の場。最初の一歩を踏み出してもらうには、興味・関心だけでなく、体験したことのない場に足を踏み入れる不安をあらかじめ振り払う安心感が必要になってきます。

❖自治体だからできる「この指とまれ」

私は30年間福岡市役所の職員をやっていますが、自治体職員として最大の特権はと聞かれれば迷わず

「誰でも名刺一枚、電話一本で会ってくれること」と答えます。「福岡市役所の今村です」と名乗りさえすれば、よほどのことがない限り会って話を聞いていただける、それだけの信頼感が自治体職員にはあります。

今まで公私を問わず多様な「対話」の場をつくってきましたが、聞いたことのないような突拍子のない場でも、職務ではないオフサイト活動の場でも、自治体職員の私が声をかけているという安心感から、どの場にもたくさんの人が参加し「対話」を楽しんでくれました。

自治体としての信頼性はさらに絶大で、自治体は行政目的の達成のためであれば、何らかのテーマを設定し、多様な立場から意見を表明し交換しあう場をつくることができます。自治体がつくる場であれば参加者の心理的安全性も確保されるため、対立が想定されるテーマについて語る場合には自治体がそのテーブルを準備することがよくあります。

特定の利害から距離をおいた中立的な立場で「対話」の場をつくり、運営することができる自治体の「この指とまれ」という呼びかけは、「この場は安全だから参加しても大丈夫」と参加者に思わせる安心感を持って受け入れられています。

❖市民「対話」のファシリテーターとして

特定の利害から距離をおいたものとして醸し出す安心感は、自治体が開催運営する場の心理的安全性につながり、これまでも多くの市民がそこで情報を交換し、意見を表明し、議論を交わしてきています。

しかし、何か大きなことを決める際にしっかりと議論し、納得感をもって決定するために、議論の前に

「対話」をおくということはあまり論じられず、その実例も多くはありません。

福岡市では、第2章で紹介したように「対話」の手法を用いて市の将来像を市民みんなで描き、それを共有することで市の基本構想、基本計画を策定しました。最近では自治体で総合計画や部門別の基本的な計画を策定する際に、市民参加型のワークショップを開催して多様な意見を語りあう場をつくり、多種多彩な意見や立場があることを前提に、そのなかから多くの人がありたいと願う姿を共有し、具体的な計画案を導き出すという手法をとる事例も増えてきています。

そこで重要になるのは、「対話」の場の持つ力を意識し、その効果が最大限発揮される場の設計、創造、運営になります。議論の前に「対話」をおく意義を、テーマや関係者の現状からあらかじめ考え、「対話」でえたい具体的な事項を、獲得できるよう場をつくりこんでいく。

どのような参加者にどのような設定で語りあってもらうか。誰がどういうツールやスキルを使ってその場を安全な場として運営していくか。そこでえられた成果をその後の工程にどうつなげ生かしていくか。「対話」を熟知し、その魅力を発揮させ効果を最大化する市民「対話」のファシリテーターとしての力量が自治体にもとめられているのです。

中立的な立場で場をつくり、運営することができる自治体からの「対話」の呼びかけは、参加者に安心感を持って受け入れられています。このため、「対話」を熟知し、その魅力を生かし効果を最大化する力量が自治体にもとめられています。

８―「対話」が拓く自治体の未来

❖必要なのは「対話力」

自治体職員のあり方を話題にしたパネルディスカッションに登壇した時、私を含むパネリストに対して「これからの自治体職員にとって必要な能力とは？」という質問がありました。

質問者はその例示として論理的思考を挙げたのですが、市議会議員のＡさんは「市民に寄り添う力」、首長のＳさんは「コーディネート力」、そして私は「対話力」という言葉を挙げました。

いずれもこの質問をされた方の挙げた「論理的思考」とは異なる概念。確かに論理的に物事を考え、政策を立案し、実践し、検証していくということも大事ですし、それを必要な能力の筆頭に掲げる人もいるでしょう。しかし私はそれよりも「対話力」のほうが大事だと直感的に思いましたし、ほかの二人もほぼ同じことを考えていたことがとてもうれしく、印象に残ったのです。

三人に共通していたのは、多様な意見を持つ市民がいかに納得感をもって合意を形成するかという視点。そのための場をつくり、市民をそこに招き入れ、多様な意見を受け入れながら合意に導くことが自治体運営にとって今後非常に重要になると考えたのです。

この合意形成がうまくできるかどうか、それができるスキルを持った職員をどれだけ育て、確保できるかがこれからの自治体運営の鍵になる。そうであるならば、これからの自治体職員にもとめられる最も重要な力は、市民の声に耳を傾け、その立場に寄り添いつつ、多様な立場の意見に向きあい、それらを合意へと統合していく調整力。それらを総称して私は「対話力」という言葉を用いたのです。

❖「対話」の時代の到来

経済成長を目指した昭和の時代は、誰もがもとめる生活の豊かさを量で感じることができる施策事業を横並びでやっておけばいい時代。わかりやすい市民ニーズとして声の上がる、道路や公園などの都市基盤を整備し、その延長や面積で他都市と競い、過去と比較して行政の手柄を誇る時代でした。時代は移り、平成の世になってある程度の経済的な豊かさを手に入れた市民の価値観は多様化し、次に欲しがるものが人によって異なる、あれもこれも欲しい時代になり、自治体は次にどれを満たすかを多様なニーズのなかから選択し、合意形成することになりました。

それでもまだ、実現に向けた優先順位の問題であるうちはよかったのです。待てばいつかは自分の順番が来ると信じていられるうちは。しかし今、人口が減少し、税収が減り、自治体の規模そのものが縮小していく時代になりました。次に何を実現するかではなく、次に諦めるのは何か、SIMULATION2030風に言えば、最後まで残すのはどのカードか、ということについて合意形成していかなければならない時代の到来です。

この優先順位づけの合意形成は、私たちが体験したことがない未知の世界です。自治体運営の現場でこの出口の見えないトンネルに入り込み、もがき苦しむ経験をしてきたからこそ、私たち三人のパネリストは、その闇を照らす一筋の光明を「対話」にもとめたのです。

「対話」によって意見の違う互いの存在を許しあい、互いに心を開きあい、多様な立場から見えている世界の情報を交換し、その危機感や目指すべき未来を共有し、そこから導かれる苦渋の選択の場に居合わせる。誰もが目指すわかりやすいゴールがあった成長の時代と違い、縮小する未来において何を遺すかという局面においては、論理的な正しさを追いもとめるのではなく、合意形成の過程に立ち会い、その当事者となることがそれぞれの納得感につながっていくのです。

❖自治体職員の「対話力」が未来を拓く

自治体は今後、市民の多様性を尊重し、誰もが安心して自由な意思を表明できる生活を実現するため、市民同士の「対話」の場を司るファシリテーターとしての役割を積極的に担っていくことが必要になる。そんな時代がやってきました。

さまざまな困難を乗り越え市民福祉を実現するために自治体の「対話力」が問われる時代には、「対話」ができる人材の確保、育成が必須です。自治体を取り巻く状況はますます厳しさを増していますが、「対話」を自治体運営に生かしていく自治体が増えていけば、限られた財源や人的資源という制約のなかでも住民福祉の最大化を図っていくことは可能です。むしろ、お金で住民の満足を買うことができる時代でない以上、「対話」というプロセスにより住民の納得感を満たしていくことしかないのです。

そのためにまずは職員同士の「対話」で十分にその腕を磨いてほしい。そもそも同じ組織の一員である職員同士で「対話」ができなくて、その外側にいる、立場や考え方の違う市民との「対話」や市民同士の「対話」の場のファシリテーションなどできるはずがありません。私が、第1章から第3章まで職員同士、同じ組織内での職場同士のコミュニケーションを中心に話を進めてきたのはそういう理由からです。

まず、私たち自治体職員が「対話」の何たるかを知り、その魅力とそこから導き出される効果を理解したうえで、実践を通じて「対話力」を向上させていく。最初は個人対個人。職場や立場を離れたオフサイトからはじめましょう。そこからだんだんと職場同士、仕事のうえ、と「対話」を活用する場面を増やし、自治体が市民と向きあう「対話」や市民同士の「対話」をコーディネートできるようになる。そうすれば自治体が直面するさまざまな課題について、それぞれの市民にとって納得感のある合意で乗り越えていけるようになります。

私たち自治体職員の「対話力」が、私たちのまちの未来を拓くのです。


自治体は今後、市民の多様性を尊重し、誰もが自由な意思を表明できる生活を実現するための「対話」の場を司ることになります。このため、自治体の「対話力」すなわち自治体職員の「対話力」が未来を拓く時代が訪れています。

第5章——自治体職員にもとめられる「対話」とは

1　職員同士で「対話」ができない

職員同士の「対話」を阻む壁

第4章では、これからの自治体職員にもとめられる最も重要な資質は「対話力」であるとお話ししました。しかし実際はどうでしょうか。

まず、自治体職員は組織内での職員同士、組織同士での「対話」が苦手です。その大きな原因は、行政組織で顕著に発達した精緻な分業です。

自治体は幅広い領域で市民生活を支えていますが、どんな業務でも、誰が担当しても、間違いなく、均質で偏りのない事務処理を行うことができるようになっています。ミスを犯さない均質な業務執行が最優先とされた結果、与えられる仕事を事前に予見できる詳細な役割分担による分業とその処理に係るマニュアル化が進んだというわけです。

しかし、個々の職員、組織があらかじめ与えられた役割を決められたとおりにこなすことはできても、その業務が自分の与えられた役割であるかどうか不明な場合、また処理方法が決められていない新しい業務の場合に、それを引き受けることを極端に嫌う「縦割り」や「たらいまわし」が起こります。

本来は、市民が期待する無謬性（間違いのないこと）や公正公平性、つまりいつ誰が担当しても間違いがなく、手続きや結論に偏りがないという機能を追求した結果、融通の利かない四角四面の組織、職員になっているのです。

❖精緻な分業が「対話」を阻む

こういった問題を解決するために、組織と組織、あるいは職員同士で情報交換、意思疎通を密にし、柔軟かつ迅速な対応を図っていくことが必要なのですが、それがなかなかできません。「これは自分の仕事ではない」「これは自分の仕事だから口を出さないでほしい」と他者との協議を拒絶し、それぞれの殻に閉じこもるたこつぼ社会。精緻な分業が「対話」のできない組織、職員を生むのはなぜでしょうか。

その原因もまた、市民が期待する行政の無謬性と公平公正性にあります。隣の人の仕事は担当でないから知らないというのは、中途半端に聞きかじった情報で間違った処理をしてしまえば大変なことになるから。逆に自分の担当する仕事に隣から横やりを入れられるのが嫌なのは、間違いが起きても責任をとらない傍観者から茶々を入れられることなく、自分が責任を負える範囲でやり遂げたいから。

常にもとめられる無謬性と公正公平性に対する重圧から生じる、間違いたくない、間違いの責任を追及されたくないという防衛本能が、いつしか自分の担当する領域の境界線に過敏で、互いの領域に不可侵であることを是とする組織文化を育て、根付いていったのです。

自治体職員が抱く市民への恐怖心が原因で、組織内や市民との「対話」不足が生じているとすれば問題です。そのことがもたらす「お役所仕事」による市民の不利益と比較して、この恐怖心は優先されるべき感情なのか。私たち自治体職員は今一度、きちんとこの感情に向きあう必要があるでしょう。

2　たらいまわしはなぜ起こる

❖新しいことはしたくない

自治体組織内での職員同士、組織同士で縦割り、たらいまわしの弊害が起こるのは、慢性的な人手不足が原因と指摘する人もいます。

確かに人員の余裕がなければ、新しい業務の必要性を感じていたとしてもそこまで手が回らないと尻込みしてしまう感覚はよくわかります。しかし、そういう物理的制約とは別に、そもそも新しいものを敬遠する保守的な風潮も厳然と存在します。

若手が職場内で業務改善を提案しても、今までと同じでいいじゃないかと古参に押し切られるなんてことはよくありますし、どこの所管かわからない案件がいつまでたってもたらいまわしされて未処理なんてこともままある話です。

新しいことに挑戦したって時間をとられるだけで、それで何か評価され、給料が上がるわけでもないし、と考えるのは、そういった評価軸が組織内部にないのでモチベーションが上がらないという面もあるでしょう。

しかし、自治体職員はそんなに怠惰なめんどくさがり屋ばかりではありません。使命感をもって与えられた仕事をきっちりこなす人もたくさんいます。それなのにどうしてそんな真面目で能力の高い人たちが、新しい仕事を敬遠するのでしょう。

❖真面目だから新たな業務を敬遠する

実は、自治体職員のこの真面目さが、新たな業務を敬遠する原因です。以前、自治体の財政制度について民間の人や大学生と議論したときに、財政課で受け取る予算要求が多すぎてその査定が大変という話をしたら、「なぜみんな給料も増えないのにそんなに仕事の量を増やしたいのか」と不思議がられたことがあります。

確かに、給料がまったく増えなくても、自分たちの業務領域の予算をもっと獲得してもっと多くの仕事をしたいと考える自治体職員はたくさんいます。この感覚と、新しい仕事が嫌だという感覚との差はどこにあるのでしょうか。

それは「自分自身がそれを必要だと考えているか」ということに尽きます。使命感が強くて真面目な自治体職員の多くは、自分がその必要性を理解し納得できれば、その業務遂行に注力することを使命と感じることができます。しかし、意に沿わないものであれば「それは本当に必要なのか」「うちの職場で人員を割いてまでやる必要があるのか」と、とたんに抵抗勢力へと変わります。

議会での質問への回答、市民からの苦情への対応、国が創設した新しい施策の実施体制の整備など、既存の業務分担で整理できない、組織の所掌事務の隙間に落ちる案件はみんなこのパターンで「誰がやるのか問題」が発生します。

この問題は、間違いたくない、間違った責任をとらされたくない、という市民への恐れに由来するだけでなく、その恐れがなくても、納得できないことはしたくない、という強い自我が原因で、言われたことを指示どおりにしないということが往々にしてあるということなのです。

と考えてみました。

◆納得感がないと動かない

しかし、自分の意に沿わない仕事なんてものはどこにでもそれなりにあるわけで、自治体職員だけが納得できない仕事が多いのか、あるいは納得できないからしないと強情を張れる特別な事情があるのか、と考えてみました。

まず民間の場合、納得がいくかどうかの判断軸に「利益につながるか」というわかりやすい基準があります。これに対し、行政組織の場合、何がより優先されるべきなのかが数値で測れないあいまいなものが多く、また業務が多岐にわたり担う政策が異なる部署ごとに目標もばらばらなので、組織全体として何が大事かという合意をえることが難しい場合があります。

職員や組織の業績評価においても、営利企業のように売り上げや利益といった指標で業績を測定することは困難です。そのような環境下では、ミスがない、トラブルを起こさないなど、マイナス評価がないことが結果的に他者との評価における差となることが多く、職員の間でもそのような評価軸で上司や部下、同僚を見る傾向が多く見られます。

そして、自治体職員特有の身分保障がこの問題の解決を遠ざけます。組織間で意見が対立した際に指示に従わなくても辞めさせられるわけではなく、業務の所管をめぐる争いの渦中に自分の職務に忠実に「うちじゃない」と言い張ってこじれても、それは自分の組織の領域を守るための行動であって害悪ではない、と開き直ることが可能なのです。

◆視座を一段高く上げて

では、このような縦割りの弊害を生む自治体職員の真面目さや強い自我は不要か、というとそうではありません。もともと給料や昇任のインセンティブがなくても、自分が担当している業務の領域を拡大し、市民サービスの向上を図りたいと考える自治体職員の強い使命感が、多岐にわたる自治体業務を安定的に遂行する機能の根幹です。

ただ少し欠けているのは、その強い使命感を自分の業務領域以外のものに振り向け、俯瞰的に眺めて見える全体像にも関心と理解を示すこと。近年、行政へのニーズの多様化、定員削減による担当業務範囲の拡大、災害等予期せぬ事象への対応の頻発など、自分の業務領域以外のものを見ざるをえない、考えざるをえない、前例のない局面がどんどん増えています。

視座を一段高く上げ、「今、本当に大切なもの」を他者と語りあい、互いの視点や価値観の違いを認めあったうえで「対話」によって合意形成を図り、適切な分担と連携で市民の福祉向上を図ることが自治体職員の本来の使命であるとあらためて認識する必要があります。

3 適切な分担と連携

❖「分担」による「分断」

以前、私の所属で新たにはじめた事業が量、質ともに膨れ上がり手に負えなくなったので、その新規事業の部分を担う新しい組織を作り、分担することとしたときのことです。分担によって、私の所属は増え続ける新規事業関連業務からは解放されました。新たな組織はそれなりに大変そうでしたが、そのためのスタッフを確保しているので業務は回っているように見えました。

しかしある日、私はある人からこう尋ねられます。

「新しい組織との連携はうまくいっていますか」

「うまく分担できています。おかげでこちらは仕事が楽になりました」

「向こうが今どんな状態か知っていますか」

「いえ、分担してからはあちらに任せていますので」

「それはただの分担であって、連携ではないのではないですか」

私はその場で、その新規事業が大きな壁にぶち当たっていることを聞かされました。新規事業はもともと私の所属の業務分野であり、その成否は私の所属の業務分野全体の成否でもありました。それなのに私の職場では誰もその新規事業が暗礁に乗り上げていることを知らなかったのです。

役割の分担によってその境界線の外側についての関心が薄れ、普段の情報収集や発信、交流がおぼつかなくなる。そんな意識の変化によって、もともと同じ所属でやっていた時には当たり前にできていたはずの情報共有や課題共有ができなくなってしまう。その結果、連絡を密に取りあって一つの目的のために一緒に物事をする「連携」が失われてしまった、という失敗談です。

「分担」ではなく「連携」を

この事例で起こったことは、「分担」でお互いの権限、責任の領域を明確にするだけでなく、相手方の分担する領域での出来事や課題に対して「これは向こうの分担だから」と、自分自身の関心を抑え、少し距離をおいた対応をしてしまったこと。これが「分担」による「分断」です。

大事なことは「連携」、すなわち「一つの目的のために一緒に物事をすること」です。分担することで、それが二つの目的に分かれたり、二つの物事としてそれぞれが別々に実施されたりしては、まったく「連携」の意味がありません。

忙しくても、面倒でも、わかりあえていると思っている仲間同士でも、連絡を密に取りあって自分たちが目指している目的や、一緒になって進めている物事の現状や課題の共有を常に行うこと。そのうえで互いの強みや個性を生かした役割、作業分担にどう落とし込むかを日々共有することが必要だと私は痛感しました。

用件がなくても定期的に会う

この苦い経験をもとに、私は仕事のやり方を変えました。それは、連携すべき相手方と「用件がなくても定期的に会う」ということです。
特に重要なポイントは「話すべき用件がなくても会う」ということです。
定例開催が決まっている会合でも、特に話すべき用件がない場合は開催されないことがままあります。私はこれを「用件がないから会わない」ではなく「会うことそのものが用件」だと考えることにしたのです。

定期的に会えば、互いの心理的距離が縮まります。心理的距離があるとどうしても「用件があるとき」にしか連絡をとらなくなり、連絡すべき用件があった際もその心理的距離が障壁となって後手に回ってしまうことがあります。

特に話すべき用件がないのに会う場合は互いの近況報告になりますが、そこで交わされる情報は、わざわざそのことを協議報告する場を設けた場合には省かれるような、些末なことも含まれています。そういった何気ない「対話」のなかでえられる空気のようなものを共有しておくことが、連携に必要な相互理解、目標の共有、行動の一体化につながり、結果として連携による成果をえることにつながる重要な要素となるのです。

いざというときの連携を有効にするのは、普段その素地をつくっておけばこそ。「会うことが用件」と考え、その関係性構築に努めることも立派な仕事ですし、特に話題がないなかで近況報告、情報交換することも、常に相手のことを知り、自分のことを知ってほしいと思う心持ちも、連携にとって必要不可欠な要素です。

4 ― 自治体職員は「対話」が苦手

❖市民と「対話」できないのはなぜか

自治体職員は職員同士、組織と組織での「対話」も苦手ですが、市民との「対話」も苦手です。なぜ、自治体職員は市民との「対話」が苦手なのでしょうか。

即座に思いつくのは、「対話」の前提とされる「心理的安全性」の不足です。

自治体職員は、胸襟を開いて市民の間に個人的に入り込むことをあまり好みませんが、そこには大きく二つの理由があると私は思っています。

一つは、市民の心の奥底に常にある「役所への不信」。世のなかには一定の数だけ「役所が嫌い」な人たちがいて、私たち自治体職員のことを、隙あらば揚げ足をとってやろうと手ぐすねを引いている。そう感じて、私たちはつい過剰に身構えてしまいます。

しかし、実際のところは自治体や自治体職員に対して批判的な感情を持っている人ばかりではありませんし、むしろ自治体だから、自治体職員だからとその言葉や行動を好意的にとらえ、無条件で信じてくれる人もたくさんいます。

「役所が嫌い」と標榜している人でさえも、胸襟を開いて個人的につきあえばその批判的感情が和らぐことを、私たち自身がたくさん体験しています。

❖市民と距離をおく自治体職員

じゃあ、もう少し腹を割って素の自分をさらせばいいじゃないか。

二つ目の理由がこれを阻みます。それは、自治体職員は民間人と距離をおかなければならない、と私たちが過剰に自己規制していることです。

個人で親密になったことが情報漏洩や癒着につながるとほかの市民から誤解されたら。自分の責任権限以外のことで口を滑らし、ほかの所属や上司に迷惑をかけたら。そんな不安が頭をよぎります。職場や階層によって役割分担が厳格な組織のなかにいると、与えられた守備範囲だけしっかり守ればその外側のボールがとれなくても責任は問われませんが、自分で外の世界に踏み出し、そこでやり損なっても誰もフォローしてくれないどころか、なぜそんな越境をしたのかと叱責されるだけです。

市民がもとめる行政の無謬性や公正公平性を過剰に追求するあまり、自らの築いた城郭のなかに閉じこもる自治体職員。そこにあるのは緻密な分業分担が組織・個人の責任権限を分断し、挑戦による加点のない減点主義が支配する組織です。

私たち自治体職員が自らを開き市民のなかに飛び込んでいけないのは、こんな組織的な背景があるのですが、こんな組織であることを市民は本当にもとめているのでしょうか。

❖市民と向きあえない自治体

自治体職員個人としてもそうですが、自治体は組織として市民と向きあう「対話」も苦手です。

かつて、役場の職員だけで考えた原案を議会での多数決で決定し、粛々と実行するのが当たり前の時代がありました。戦後の復興から高度経済成長にかけて時代が大きく変革するなかでは、市民は自治体の提供するサービスの量と実現のスピードをもとめ、少数意見と向きあう丁寧さや誠実さについてはそう強くはもとめていなかったし、自治体もその必要性をあまり認識していませんでした。

やがて時代は変わり、低成長と多様化の時代が訪れます。人々の望みがさまざまに分かれ、その全部を実現できずに選択と集中を迫られたときに、これまで向きあってこなかった少数派の意見、あるいは原案ができるまでの段階での市民意見に向きあう「対話」の術を身につけていなかった自治体は困惑します。

市民に対する無謬性と公正公平性を同時にもとめられる以上、少数であっても、素人考えであっても、意見を聴いた以上は尊重しなければいけないのではないか。意見が割れてもめたときの責任を自治体側で負わなければならないのではないか。

そのように市民を過剰に恐れ、「対話」を構成するもう一つの重要な要素である「許す」こと、つまり相手の立場、見解をいったんありのままに受け入れることに、組織として踏み切れずにいる。これが、自治体が組織として「対話」することを躊躇させる要因です。

❖過剰な恐れを捨てて

しかし、私たちが市民に対して抱くこれらの過剰な恐れの正体はなんでしょう。限りある財源で多様なニーズに対応していくためには、その実現は選択的にならざるをえず、そのスピーディな実行にあたっては一定の専門性を持った職員が原案を作ることも必要です。職員が市民との接点を持とうとしないのは行政の無謬性や公正公平性を過剰に意識せざるをえない世間の目があるからです。

自治体や自治体職員がおかれているそんな状況を市民に理解してもらい、そのなかで最大限市民の意見を拝聴し、「対話」によってその納得や合意にたどり着くための努力や誠意を自治体の側から見せることで、多くの市民は理解し、その「対話」に応じてくれるはずです。

自治体、あるいは自治体職員との「対話」をもとめる市民もまた、私たち自治体や自治体職員のおかれた立場、見解をいったんはありのままに受け入れることが、市民と行政の「対話」にとって必ず必要なステップであるということを必ず理解してくれます。組織としても職員個人としても市民に対する過剰な恐れを捨て、市民を信じて一歩踏み出すことが、自治体や自治体職員が市民との「対話」をはじめる最初の一歩になるのです。

5　自治体が市民とわかりあえない理由

◆市民も行政のことがわからない

昨年、ある自治体で、市民1人当たり5万円の現金給付を公約に掲げ、新人候補が現職市長を破り当選したというニュースが世間を騒がせました。結局この公約を実現するための補正予算案は議会で否決され、公約は実施されませんでした。この事件は、実現が困難であることがわかっている公約を掲げることが妥当かという点で議論になりましたが、私は別の視点で問題が顕在化したと思っています。

それは市民の「行政運営に関する基礎的な理解不足」です。自治体財政に関する基礎的な理解や、政策としての目的達成と手段の整合性についてある程度の想像力があれば、このような政策が提起された時点で「そんなバカな」と議論が巻き起こるはずですが、そのような議論は選挙時点ではあまり起こりませんでした。何がどう馬鹿げているのか、よりましな施策としてどんな方法があるのか、行政の実情に疎い市民は即座には考えられず、判断できなかったのです。

これは日本全国どこででも起こりうる話です。多くの市民は、行政の実情を知りません。私たち自治体職員は、行政の実情を知らない、理解していない市民に対して「そんなバカな」と嘆き、批判の目を向けるのではなく、行政運営への無理解を放置することが市民と行政の間に溝をつくり、いたずらに誤解を生み、課題解決を複雑にさせていること、いざというときに市民にきちんと判断してもらえる素地をつくれていないことが今回の事案のような大きなリスクとなりうることを反省し、反面教師にしなければいけません。

❖行政を読み解く力

市民がもとめる政策を実現することは私たち自治体職員の使命です。であるならば、市民が選んだ政治家が選挙で掲げた公約を実現することが至上命題となるはずですが、こういうことが起こると「果たして本当にそうなのか」という疑念がわき起こります。

市民が行政の仕組みや財政について無理解であることや、議会がそれに迎合し理性的な議論にならないこともあるなかで、「民意がすべてではない」あるいは「選挙結果は必ずしも民意ではない」という考えに立ちたくなる自治体職員もきっといるでしょう。「行政運営に関する基礎的な理解不足」は自治体運営上の大きなリスク要因になっています。

しかし、だからといって市民の意見を脇におき、役所のなかの論理やプロの政治家だけにしか通用しない密室の談合で物事を決めていいはずがありません。私たちは、選挙で選ばれた人が、選んだ市民の意見を代弁し、代議した末の決定を市民全体が受け入れるというルールのなかで暮らしています。

市民一人ひとりの意思を可能な限り尊重するという民主主義のプロセスによってえられる結果がまずいのは、民主主義という手法そのものがまずいのではなく、その担い手である市民に備わるべき素養が不十分なのであって、それをどう高めていくかということなのです。

❖その道のプロとして

おそらく、一般的な市民は、政策とは何であるか、自治体の台所事情がどうなっていて、どういうお金の出し入れになっているか、よく知らないはずです。選挙で選ばれた市長も、それを選んだ市民も、自治体で仕事をしている私たち自治体職員と同等に自治体財政の知識を持ちあわせているわけではありません。

先の5万円給付問題で起こったことを憂慮するのであれば、まずは自治体運営の「なかの人」としてそのイロハを理解しているはずの職員が、自治体運営のプロとして自分たちの自治体の財政や政策について、市民がわかる言葉で語ることができるようになることが必要です。

市民が行政と向きあい、互いを理解しあう「対話」を可能にするためには、市民の行政運営に対する基礎的な理解、すなわち「行政運営リテラシー」の向上は必須です。行政運営に関する必要最低限の基礎的な情報をわかりやすいかたちで提供し、それを知っていることが社会として当たり前の状態をつくること。それは自治体職員の責務です。主権者教育として学校で教わるものだとか、社会人として当然の素養だと他人任せにして逃げられるような問題ではないのです。

6　経済への理解は「対話」の土壌

❖経済に疎い〝純粋公務員〟

自治体と市民との「対話」にあたっては、市民に自治体のことを知ってもらうだけでなく、私たち自治体職員が市民のおかれている環境や立場についても十分に理解しそれを尊重する必要がありますが、自治体職員がつい見落としがちなことがあります。それは「経済」への理解です。

私たち自治体職員のなかには、公務員を志望する動機そのものが「社会の役に立ちたい」という純粋な動機の人が多いのですが、これは裏を返せば「金儲けには興味がない（あるいは苦手）」ということでもあり、その後の人事異動でも「商売」を経験する部署が限られることから、民間の企業で働けば当然に身につくはずの、商取引として世のなかに当たり前に存在するルールや、その基礎となる考え方があまり身についていないことが往々にしてあります。こんな〝純粋公務員〟に代表される、経済感覚の乏しい自治体職員が引き起こす問題は三つあります。

❖経済オンチが及ぼす影響

一つ目は、自治体の組織運営に与える影響です。自らの収益でしか自らの存立を担保しえない民間企業とは異なり、法令でその収入の根拠と行うべきサービスがおおかた定められている行政組織では、顧客や市場と向き合う目線や姿勢、事業の成否が組織や個人に及ぶことを踏まえたリスクテイク、収益最大化のためのコスト意識、組織・個人のエンパワーメントなど、先進的な民間企業ならば当然のように備えている経営感覚が十分に備わっていません。

そのことで適切な資源配分やその成果の最大化が十分に果たせていないことを市民からも厳しく指摘されています。

二つ目は、民間企業との取引、協業における感覚のずれです。「金儲け」「企業経営」について学ぶ機会のない〝純粋公務員〟は、せっかく役所と民間が同じ方向を向いて一緒に仕事をしようという局面になっても、意思決定や事業のスピード感、打ち合わせや書類の多さ、情報の非対称、コスト感覚のずれなど、決して対等とは言えない関係性で役所の論理を振りかざし、悪気はなくとも結果として民間側にそれなりのコストと労力を負担させています。

そうした役所と民間企業の感覚のずれからくる恨み節が「お役所仕事」という揶揄となり、自治体職員の能力に疑問符をつけられることにつながっています。

そして三つ目は、市民の活動全般に与える影響です。自治体は市民の活動全般に係る社会のルール、仕組みをつくりこれを運用しますが、ここでも時折、経済に関する感覚が抜け落ち、市民の時間や労力を奪うことが起こります。

例えば行政用語の羅列で読んでもすぐに意味がわからない文書は、送りつけられた側の時間と労力を奪います。役所がもとめる各種の手続きに必要な書類をそろえるのに仕事を休んで役所めぐりをするたびに、なぜ役所の決めたルールに従うために自分の時間を使わなければいけないのか疑問に感じるのは私だけではないでしょう。

自治体のつくる社会のルールや仕組みは、時として市民の時間や労力を奪います。その経済的な影響が個人や社会全体に及ぶことを常に意識する必要があるのです。

❖経済への理解は「対話」の土壌

「経済」は、役所の外では誰もが従う社会の常識です。世のなかの大半の人はその常識のなかで、市場を感じ、リスクテイクを考え、自分の時間と労力を投じて自分の食い扶持を稼いでいます。その大原則をきちんと知らず、そのなかで生きている個人や企業の価値観を正しく理解せずに、お金のことに疎いままで社会を動かしていていいのか。

民間企業に勤めた経験のない〝純粋公務員〟である私も、長い公務員人生のなかでこの課題に突き当たり、いつも悶々としています。企業を経営したことがないくせに中小企業や商店街振興を担当し、偉そうな経済政策論を振りかざすのは失礼ではないのか。自分がクビになるリスク、会社が倒産するリスクを感じることがない自分が2兆円規模の組織の金庫番でいいのか。

自分や自分の組織がそういった感覚に欠けていることを自覚し、自省したうえで、それをどう補うのかということを真剣に考え、自己啓発や人材育成、あるいは能力を持った別の存在とのコラボレーションができるようになることが自治体職員として必要な「経済リテラシー」の向上につながります。

それは、厳しい財政状況のなかで自治体経営を迫られるすべての自治体職員が意識し、心がけてほしいことです。また、その「経済リテラシー」の向上によって、役所の内と外との文化、価値観の違いに気づき、さまざまな意見対立の前提が理解できるようになり、役所の内と外との「対話」が成立する土壌になるのです。

7　自治体職員と議会との「対話」

❖議会への過剰な恐れ

私たち自治体職員が「対話」ができないのは、過剰に市民からの目線や声を恐れているからだとお話ししましたが、過剰な恐れという意味ではむしろ議会との関係性だという意見もあります。自治体職員なら誰でも感じたことのある議会からの重圧。議員から陳情や要望を受けるとき、施策についての資料や説明をもとめられるとき、議場で質問を受けるとき、自治体職員の緊張感は否応なく高まります。この緊張感のため、実際に矢面に立つ管理職のなかには可能であれば議会とかかわりたくないという人も少なからずいます。

この管理職の議会との距離感を肌で感じ、それが災いして若いころから議員や議会に対して好印象を持てない自治体職員は数多く、職員の大多数がそう感じていることもあって、議会と執行部事務方との関係性は何でも語りあえるフランクなコミュニケーションが成立しているとは言い難い状況にある。そんな自治体がかなりあるのではないでしょうか。

なぜ自治体職員、特に管理職は議会や議員に重圧を感じるのか。その重圧の一因は、市民が行政にもとめる無謬性、公正公平性への過剰な反応でしょう。そもそも議会は、二元代表制のなかで首長と車の両輪となって地方自治における民主主義を支える存在です。議会は、首長が提案した予算や条例等の議案を審査し、首長や執行部の行う自治体運営全般を有権者に代わってチェックする役割を担っています。チェックですからすべてがＯＫというわけではなく、不備があれば指摘を受けるのは当然のこと。その声は有権者の代弁ですから、緊張感を持って拝聴し、対応するのは当たり前のことです。しかし、必要以上の緊張を与えられる場面があることも否定できません。

では議員は、議会は、なぜ自治体職員にそんな重圧をかけるのでしょうか。

議会が与える重圧の正体

自治体職員は、自治体運営の執行機関である首長の補助として、すべての実務を企画立案し、議会の承認を受けた後に執行します。自分たちで情報を集め、案を考え、関係各所と調整し、最終的な案を絞り込んで賛否を問うことができます。また議会で承認されたことの詳細を自分たちで決めて実施できます。すべての過程で自分たちが関与できる執行機関と、それを傍からチェックし、意見を述べ、賛否を明らかにする議会とでは圧倒的な情報格差があります。

このため、執行部が一つに絞り込んだ案や、執行部の責任において実施した実績に対して「なぜこの案になったのか」「どうしてこんな結果になったのか」と、判断の経緯やその際に裁量で判断した事項について説明責任を果たすようもとめます。その質疑を通じて立案から実施にいたる過程を追体験することで、議員自らが「自分ごと」として賛否を決め、評価を行おうとしているのです。

議員は有権者を代理して執行機関の事務執行をチェックしますが、当然代理を委任した有権者に対しての説明責任を果たさねばならず、有権者の意に沿う行動をとっているかを報告しなければいけません。有権者から「なぜあの案になったのか」「なぜこの案に反対しなかったのか」と聞かれた際に、自分の判断について自らの言葉で有権者に説明できるようにする。それが、議会で判断を行う際に、有権者の委任を受けた代理人として果たすべき責任と感じ、そのための判断ができるよう質問しているのです。

❖議会との良好な関係を築くために

執行機関との圧倒的な情報格差のなかで有権者を代理する責任を果たすために、議員にも相当な重圧がかかっています。その重圧がそのまま自治体職員に向けられているのだと考えると、少しは理解ができるのではないでしょうか。

とはいえ、議員の多くは自治体職員に対して好意的です。それは、今の自治体議会で議員としての責任を果たすうえでは、圧倒的な情報力と執行の現場を持つ私たち自治体職員の下支えや協力が必要不可欠だからです。さまざまな事象に対する判断の基準や政策立案のプロセス、実務の現場で起こっている現実について、執行機関と同程度の情報を持つことは、議員個人の力だけでなしえるものではありません。議員は自治体職員との良好な関係を持ちたがっているはずなのです。

そう考えれば、議員を過度に恐れる必要はありません。執行機関と議会との立場の違いを互いに理解し、それを尊重したうえで、政治的な中立を保ちながら日ごろからの「対話」と議論で互いの距離を縮めておきましょう。同じ土俵で正々堂々と勝負するための基礎的な鍛錬として、切磋琢磨しあう関係性を自治体職員側から率先して築いていくのです。それを歓迎しない議員はいませんし、それを厭わずにできれば、議員なんて怖くないと胸を張れるはずです。

8　自治体職員と政治

❖自治体職員は政治に疎い

私たち自治体職員は、国の行う政策への批判や国政選挙の結果への感想などを世間話程度に語ることはしますが、「不偏不党」であることがもとめられるため、自分が特定の政党や政治家を支持しているかどうかを他人に悟られることを極端に嫌います。

このため「私は政治に関心がありません」と装う人が非常に多く、その結果、職場で政治を語ることはタブーとされ、職場での普段の会話や人間関係のなかから政治について学ぶことはほとんどありません。結果として個人として政治に関心があり自分で学習する人とそうでない人で、政治を読み解く力＝「政治リテラシー」の差が著しい状況が生まれます。

このことは、自治体職員の世間知らずを増大させ、市民や議会との「対話」を難しくする新たなリスクを生んでいるのではないでしょうか。

❖現職市長を落選させたのは誰か

私が自治体職員として「政治」に関心を持ち、自分の判断や行動に役立てていこうと考えたのは、今から10年ほど前、福岡市で当時現職だった市長が落選した時です。当時、私は現職が2期目を目指すことに何の疑いも持たず、取り立てて大きな失政がなかったと感じていたため、その当選を疑うこともありませんでしたが、結果はまさかの落選で大変ショックを受けたことを覚えています。

この時私は、現職が落選した原因を候補者そのものにもとめるのではなく、現職の任期中に日々の行政運営を担当した私たち職員一人ひとりの仕事ぶりが至らなかったということなのではないかと考えるようになりました。そして、一職員としてそのことに気づけなかったこと、すなわち市民が市政運営に不満を感じていること、変化をもとめていることに職員として無自覚であったことを大きなリスクと感じたのです。

自治体の運営は市民から選ばれた政治家である首長がその執行権を握り、地方自治の車の両輪として首長の執行権のチェック機能を果たす議会もまた、市民から選ばれた政治家です。私たち自治体職員の毎日の仕事はすべて首長や議員など、市民から選ばれた政治家たちが決めたことの実行であり、その政治家たちは数年に一度ある選挙によって市民からの審判を受けています。

であれば、私たちの日々の仕事そのものに市民から審判が下されているわけで、日ごろから私たちが市民からどう見られているか、どう評価されているかを意識しなければいけないのではないでしょうか。

❖政治家の声は市民との「対話」

市民の意見は現場でいつも聴いている、という人もいるでしょう。直接聴くことのできる生の声ももちろん大事ですが、そのリアルな一つひとつの声を聴くと同時に、それが全体としてどういう傾向にあるのか、全体像を知ることも重要で、そのためには、選挙の結果や市民に選ばれた首長や議員といった政治家の言動、ふるまいを観察し、意見を聴き、時には「対話」をすることが最も有効な手段です。

政治家との「対話」を通じてその後ろにいる多くの市民の意見を知り、政治家を通じた間接的な「対話」によって市民への説明責任を果たしていく。「市民が選んだのだから」と政治家の意見に盲従するのではなく、政治家の主張する民意と折りあいをつけていく力量も自治体職員にはもとめられます。

自治体職員が一人ひとりの市民と直接「対話」する機会が限られている以上、市民に選ばれた政治家との「対話」や議論を通じて、市民と「対話」し議論することが必要なのではないでしょうか。

自分たちのまちの政治状況を知り、政治家がどのような背景で支持を集め、どのような市民の意見を代弁しているのか、どのような言葉であれば政治家から市民に届けてもらえるのかを考えなければいけません。また、政治家の代弁する民意と実際の民意に差がないか、あるとすればそれも自分たちのまちの政治状況の特性として認識し、政治家が拾っていない民意に向きあう方策も考えなければいけません。

そんなのは管理職のやることだという人もいるかもしれませんが、そんなことはありません。自分の仕事と政治は関係ないというのは「市民の思い」と自分の仕事は関係がない、市民がどう評価しようと構わないというのと同じです。

どの現場でも、どの職責でも、常にアンテナを張って「市民の思い」に耳を傾け、その思いと向きあい、日々の仕事に生かしていくことが、自治体全体の「政治リテラシー」の向上につながります。それが全体の奉仕者としての自治体職員の仕事の質を高め、市民の満足度を向上させるのです。

9 自治体職員にとって「対話」とは

❖「対話」が本当に必要なのは誰

私たち自治体職員は、市民との「対話」が苦手だとこれまで繰り返し述べてきました。苦手な「対話」ができるようになるには私たち自治体職員が市民や議会を正しく理解し、受け入れることが肝心です。

ここであらためて、自治体職員にとっての「対話」の意義を考えてみましょう。

「対話」が苦手な私たち自治体職員が市民と「対話」ができるようになるということは、実は自治体や自治体職員自身のためではありません。自治体は多様な市民の立場や意見を代弁し調整する主体ですが、自らが独立した意思を持つ主体ではありません。自治体が主張する意見や立場はすべて市民の意見や立場を集約し代弁しているものであり、自治体と市民との「対話」というのは多様な意見を持つ多種多彩な市民同士の情報共有、相互理解のためのものなのです。

ということは、自治体が市民と「対話」ができないというのは、自治体で暮らす市民同士の「対話」ができないということになります。同じ地域に住み、同じ空間で生活を営む市民同士が互いに理解しあえない、心理的安全性を保てないというのはとても不安で不幸なことです。

市民が互いに安心して暮らせる心理的安全性。これを保持するために果たすべき自治体の「対話」に関する責任は重大です。市民が互いに自らを「開き」相手を「許し」、認めあい、語りあい、手を携えて同じ方向に向かうためには、その意見や立場を代弁し調整する自治体が「対話」できなければいけない。つまり自治体職員一人ひとりが「対話」できなければいけないのです。

まず職員がまちのことを語る

そうであるならば、私たち自治体職員は、市民に対しても、職員同士についても「対話」が苦手などと言っていられません。

まず、私たち自治体職員が勇気を持って自己を開示しましょう。積極的に自己を開示することは自分を知ってもらうだけでなく、相手方に対し「私はあなたのことを信頼していますよ」という意思表示を行うことにもなります。私たち自治体職員が自らを「開く」ことは相手の存在を「許す」という宣言でもあるのです。

例えば自分が勤めている自治体の取り組むある施策について、親しい友人からその評価について尋ねられた場合、あなたはどうしますか。

「管理職でもないのに意見を述べてそれが自治体の見解ととられてはまずい」

「所管外なのに意見を述べれば所管課に迷惑がかかる」

「個人で意見を述べていると組織のなかで浮いてしまう」

「一般市民から個人的に意見されたり誹謗中傷されたりするのは御免だ」

自分が意見を言うことのリスクが頭のなかを駆けめぐり、結局何も言わないのが無難と口をつぐんでしまう経験、自治体職員なら誰にでもあることと思います。

もちろん、よく知りもしないことでいたずらに施策を論評することは適切ではありませんが、まったく口を閉ざすとなると逆に質問をした友人の立場であればどう思うでしょうか。

もし知らないと答えたら、自治体内での情報共有が進んでいない縦割りの組織だと思うでしょう。評価することをためらったら、既定方針に対して言葉を発することが憚られる風通しの悪い組織だと思うかもしれません。公式見解や首長のコメントとは違う否定的な見解を示せば、自治体が目指すビジョンが職員に浸透していないと受け止めざるをえないのではないでしょうか。

いずれにせよ「開かれていない自治体」という印象になるはずです。

❖自分の言葉で語る組織風土をつくる

職員の自発的、積極的な情報発信は、自治体と市民との「対話」に必要な自治体からの積極的な自己開示に欠かせません。最近では、ＳＮＳの普及で個人が情報を発信することが簡単になりました。多くの自治体職員がこの環境を活用して、自治体の施策事業や首長の発言などを個人として発信しています。もちろん、職員がこうした行動に積極的になるためには、こういった行動を支える心理的安全性を担保する組織風土が必要です。

自治体のビジョンをきちんと理解できている自負があるから、「自分の言葉で発信していいのか？」「こんなことを言ってトップから目をつけられないか」といった不安を持つことなく安心して情報発信できる。組織全体の風通しがいいと信じているから、「所管外のお前がどうして情報発信するんだ」「管理職でもないのに自治体を代表するようなふるまいはけしからん」と組織内で非難されることも心配しなくていい。

同じ自治体の職員がそういう行動をとったときに、揚げ足をとったり足を引っ張ったりするのではなく、「いいね！」と賛意を表し、フォローし、可能であれば自分もそのあとに続く。そんな職員同士の連鎖が組織風土をつくります。

自治体職員個人から積極的に情報発信が行われ、その情報開示の姿勢が自治体と市民との心理的安全性の基礎となり、お互いの「対話」の素地となる。そんな組織風土をつくるのもまた、私たち自治体職員一人ひとりの意識の持ちようとそれを行動で表すことによるのです。

まちのエバンジェリストとして

そもそも、よりよい自治体運営をしていこうと思うなら、市民の行政運営に対する基礎的な理解は必須です。市民の行政運営リテラシーの向上を図るために、市民に対して情報を提供し、市民との「対話」の架け橋になる存在が必要になります。

政策、財政、将来像など、自治体運営のことを市民に知ってもらい、理解してもらい、共感してもらうことからしか自治体と市民との「対話」なんてありえない。私たち自治体職員がその最初の橋を架ける〝まちのエバンジェリスト（伝道師）〟となり、市民との間で「対話」の輪が広がっていくことで、私たちの自治体運営はもっとよくなります。

私たち自治体職員は、自治体運営の「なかの人」としてそのイロハを理解しているはずであり、自治体運営のプロとして自分たちの自治体の財政や政策について、市民がわかる言葉で語ることができなければいけません。それは選ばれた者のみが担う役割ではなく、すべての自治体職員の責務であり、そのための努力を怠るべきではない、と思いますが、自治体職員の皆さん、いかがでしょうか。

自治体職員が市民への恐れを捨ててその存在を「許す（＝聴く）」ことができ、その心理的安全性をもって市民に対して「開く（＝語る）」ことができる。それが自治体と市民との「対話」が進む前提です。その理想の姿に向かってすべての自治体職員が〝まちのエバンジェリスト〟になってほしいと私は強く願っています。

自分たちのまちを愛し、そこに暮らす市民の幸せのために奉職すると決めた皆さんであれば、この本を読んで自ずと心が定まったのではないでしょうか。

終章　この本を手にとっていただいた皆さんへ

ノウハウ本でなくてすみません

この本を書くことになってから、最後の一行を書き終えるこの日まで拭い去ることができなかった不安があります。それはこの本を書く資格、「対話」の何たるかを語る資格が私にあるだろうかという思いです。

公職研編集部さんからは「職場における『対話』を中心に、かつ仕事で使える手法・知識を示す」ことで「自分も職場で明日からやってみようという行動につながる」ものをご期待いただいていました。

私は、今でこそ出張財政出前講座で全国を飛び回り「対立を『対話』で乗り越える」を合言葉に自分が財政課長として成し遂げてきた実績やオフサイトミーティング「明日晴れるかな」のこれまでの歩みなどを誇らしげに語っています。

しかし、これは本当に自信を持って語れることだろうか。ファシリテーションの技術もろくに学んでいない自分が、「対話」について自分の経験のみから導かれる我流の方法論を示すことが、本当に自治体職員の皆さんの役に立つのだろうか。皆さんが学習し、習得し、実践していく価値がある技術として体系化された知識なのだろうかという思いが常にありました。

結局のところ、最後の一行を書き上げて今思うのは、最後まで期待に沿うことはできなかったのかもしれないという、申し訳ない気持ちです。

周回遅れのトップランナー

私は十数年前までは「対話」の〝た〟の字も知らずに仕事に没頭していたただの自治体職員でした。

２００８年の東京財団研修で半年間学んだ後、急に「対話」に目覚め、研修受講後にその実践ができない苦悩を第１章でお話ししましたが、最近になって知った衝撃の事実があります。

当時、福岡市役所は「対話」をコミュニケーション手段として重要視し、そのスキルを上げるための研修を既に実施しており、私が研修で学んだことととして「対話」の重要性を力説しているのを傍目で見ていた後輩職員からは「もう、そんなことはみんなわかっているのに。この人、周回遅れだなあ」と思われていたのです。今更ながら恥ずかしくて顔から火が出そうです。

しかし、そんな遅咲きデビューの私が今のように「対話」の伝道師のような顔をして全国を飛び回るようになった経緯をありのまま紹介することが、この本の依頼趣旨である「自分も職場で明日からやってみようという行動につながる」ものになると思い直し、思い切って私の経験談を中心に構成したものです。結果として自慢話のようになってしまいましたが、周回遅れがトップランナーであるかのようにはしゃいでいるのだと悪しからずご笑納ください。

❖ 皆さんとの「対話」を歓迎します

もう一つお詫びしたいのは、この本に書いてある理屈のほとんどは誰かが同じようなことを言っているというものではありません。従って専門家によるきちんとした学説や論考とは異なる素人考えを振りかざしている部分が多々あります。また、財政出前講座のように回数をこなして洗練された内容とは程遠く、今回の執筆を通じて初めて理論構成したところもあって、読み直せば読み直すだけアラが出てくる代物でもあります。

しかし世に出す以上は自分なりに一つの筋を通し、自分のこれまでの経験で感じたこと、わかったこと、そこから考えたことをまとめたつもりですので、この機会にいろいろな方々にお読みいただき、ご意見を賜り、皆さんと「対話」を重ねていきたいと思います。

同じ自治体職員であっても、さまざまな立場でいろいろな場面を経験してきたなかで、私とは異なる見解を持つ人もいるでしょう。ぜひその知見を「対話」で情報共有し、集合知としてさらに高めていけたらと思っています。

また、自治体職員向けに書いた本ですが、自治体職員以外の立場から見てこの本の内容がどう受け止められるのかという点も大変興味があります。この内容が一市民、あるいは議員や首長など自治体職員とは別の立場の人の目にどのように映るのか、ぜひご教示いただきたいと思います。

❖「対話のまち」を夢見て

新型コロナウイルス感染症の影響を受け、２０２０年2月下旬以降、「財政出前講座」の出講を見合わせてから1年が経ちました。年間20回を超す出前の旅を通じて全国の自治体職員・議員、民間の人々とふれあい、語りあってきたここ数年の動きが嘘のように静まり返り、「明日晴れるかな」も緊急事態宣言下では開催を自粛。内外ともにオンラインでの細々とした「対話」しかできない現状が続くなか、かなり「対話」に飢えた状態でこの本を書いています。

今、痛切に思うのは、私をここまで育ててくれた「対話」の場への恩返し。「禁酒令」を契機とした衝動的な「対話」の世界でのデビューから10年目を迎えるこのタイミングで「対話」について本を書く機会をもらい、おかげでこれまで自分が歩んできた道を振り返り、「対話」がくれたたくさんの大切なものを確認し、言葉にすることができました。そして、本にしたおかげでその言葉を多くの人たちと共有できる状態に至りました。

しかし私は物足りません。なぜなら、これまで私に「対話」のすばらしさを教えてくれた皆さん、「対話」を一緒に楽しんでくださった皆さん、そしてこの本を読んで新たに「対話」の虜になった皆さんと、実際にお会いし、この本に綴られた「対話」にまつわる言葉たちを共有し、この言葉たちについて「対話」したいのです。そうして私の紡いだ言葉たちに魂を吹き込み、言霊として広く社会に流布することで、思いが言葉に、言葉がかたちになっていくこと、「対話」が私たちの仕事や職場を変え、私たちのまちが「対話のまち」になっていくことを夢見ています。

❖お世話になった皆さんへ

この本に書いてあるとおり、私の「対話」に関する経験の蓄積は、いろいろな人たちとのご縁とご協力がなければできませんでした。この場をお借りしてあらためて関係者の皆さんに御礼申し上げます。

財政係長時代に喧々諤々の議論に明け暮れた皆さん。おかげで「対話」への渇望が生まれ、「対話」への道を切り拓く原動力となりました。

東京財団研修関係者の皆さん。人生で二度とない最高の夏、私に「対話」の素晴らしさを骨の髄までしみこませてくださったこと、一生忘れません。

倉員知子さん。市民局スポーツ課時代にワールドカフェを仕事でやってみようと言ってくれたおかげで、研修後に放浪していた自分の気持ちが定まりました。この時に加留部貴行さんを紹介してくれたことが私の「対話」実践の原点となりました。

安川浩平さん。周回遅れでごめんなさい。その自覚、これからも忘れません。

吉崎謙作さん。「禁酒令」が出たあの日からずっと「対話」の師匠です。「すべての人が適任者」の基本理念、これからも継承していきます。

「明日晴れるかな」「財政出前講座」そのほか私の催す「対話」の場に参加してくれた皆さん。あるいは開催に協力してくださった皆さん。この間の取り組みに弾みがついて継続できたおかげで、「対話」の何たるか、その居心地のよさについて体感し、その秘訣らしきも会得することができました。

経済観光文化局時代に仕事で私の「対話」におつきあいいただいた皆さん。前例のない場づくりの提案、快く引き受けていただき、お忙しいなか、ご参加いただき、お楽しみいただけたことで、「対話」が仕事でも使えるという私の自信につながりました。

加留部貴行さん。私がまだ拙いヨチヨチ歩きだったころから私の「対話」人生をサポートいただき、福岡市のこれまでとこれからを定点観測し続けていただきありがとうございます。この本に書いてあることも多くは加留部さんからの受け売りや、加留部さんと一緒に体験した「対話」の場でえた教訓です。これからも私たち自治体職員の「対話」の行く末を見守り、叱咤激励をお願いいたします。

最後に、この本に書いてあるとおり長年にわたりさまざまな「対話」の場づくりに挑戦し、本業とオフサイト活動に勤しむあまりプライベートの時間を削ってしまい、家事全般を十分にフォローできない私をいつも笑顔で支え、「いってらっしゃい」と背中を押してくれる私の元気の源、最愛の妻に最大限の感謝の意を表し、結びといたします。

２０２１年５月某日

今村　寛

著者紹介

今村　寛（いまむら・ひろし）

1991年福岡市役所入庁。2012年より福岡市職員有志による「明日晴れるかな～福岡市のこれからを考えるオフサイトミーティング」を主宰し、約９年間で200回以上開催。職場や立場を離れた自由な対話の場づくりを進めている。

また、2012年から４年間務めた財政調整課長の経験をもとに、自治体の財政運営について自治体職員や市民向けに語る「出張財政出前講座」を出講。

「ビルド＆スクラップ型財政の伝道師」として全国を飛び回り、著書『自治体の“台所”事情　“財政が厳しい”ってどういうこと？』（ぎょうせい）を2018年12月に発刊。好きなものは妻とハワイと美味しいもの。2021年より福岡市教育委員会総務部長。

「対話」で変える公務員の仕事
自治体職員の「対話力」が未来を拓く

2021年（令和３年）６月22日　初版第１刷発行

定価はカバーに表示してあります

著　者　今　村　　寛
発行者　大　田　昭　一
発行所　公　職　研

〒101-0051
東京都千代田区神田神保町２丁目20番地
TEL　03-3230-3701（代表）
03-3230-3703（編集）
FAX　03-3230-1170
振替東京　6-154568

ISBN978-4-87526-412-5 C3031　https://www.koshokuken.co.jp

落丁・乱丁は取り替え致します。PRINTED IN JAPAN

カバーデザイン：デザインオフィスあるる館
印刷：日本ハイコム㈱
ISO14001 取得工場で印刷しました

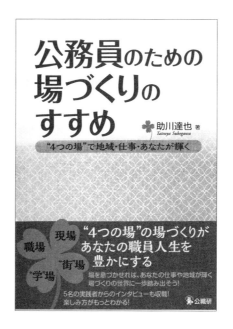

公職研図書案内

堤　直規 著

教える自分もグンと伸びる！ 公務員の新人・若手育成の心得

現職課長で、キャリアコンサルタント（国家資格）でもある著者が、忙しい毎日の中で新人・若手育成を進めるための実践的なポイントをずばり解説。入庁からの１年間、新人ＯＪＴの月別メニュー付き！　定価◎本体1,700円+税

澤　章 著

自治体係長のきほん 係長スイッチ

押せば仕事がうまくいく！ 一歩先行く係長の仕事の秘けつ

「若手職員に覇気がない」「定時に帰れない」「女性係長としての心構えは？」…自治体の係長が直面する様々な課題や悩みを取り上げ、それを乗り越えるためのコツ＝「係長スイッチ」を伝授する一冊。　定価◎本体1,350円+税

佐藤　徹 編著

エビデンスに基づく自治体政策入門

ロジックモデルの作り方・活かし方

エビデンスによる政策立案（EBPM）・評価とは何かという【基礎】から、実際にロジックモデルを作成して、政策・施策に活用する【応用】まで。ロジックモデルを“学べる×使える”ワークシートのダウンロード特典付き。

定価◎本体2,100円+税

自治体マネジメント研究会 編

自治体係長の職場マネジメント（第２次改訂版）

係長の“判断・行動”がわかる40の事例

係長を目指す職員に、はじめての係運営に不安を持つ新人係長に、部下・上司との関係に悩みが生じたベテラン係長に送る、自治体係長のための教科書。職務遂行・組織運営・上司の補佐の要点がよくわかる。　定価◎本体2,100円＋税

公職研編集部 編

必携自治体職員ハンドブック（第５次改訂版）

最新制度改正やSDGs、ICTなど、自治体をめぐる最新動向・課題を解説。職員必須の基本知識をこの一冊でカバー。巻末付録として、令和時代の職員に求められる「経営管理のポイント」を新たに書き下ろし。　定価◎本体2,400円+税